나무 십자가

나무
십자가

박원 신앙장편소설

나무
십자가

박원 신앙장편소설

좋은땅

여행의 시작   **7**

여행의 시작

어느 날 아침이었다. 나는 낯선 정원을 혼자 걷고 있었다. 표지판과 팻말, 이정표와 방향도 없었다. 주인 없는 이곳에 어떻게 들어왔는지도 알 수 없었다.

동산 곳곳에 희고 노란, 붉고 푸른 꽃가루가 날아다니고 있었다. 정원사의 부지런한 손길이 곳곳에 묻어 있었다. 그의 아름답고 멋진 솜씨에 그저 감탄할 뿐이었다.

그러다가 한 나무 앞에서 멈춰 섰다. 밑동만 남기고 잘린 나무, 잘린 곳에서 작은 가지 하나가 솟아나 새순이 돋고, 다시 곧게 뻗어 새 잎이 돋은 나무였다. 잘려 나가지 않았다면 나보다 키가 다섯 배나 큰, 두 팔을 한껏 벌려 끌어안아야 할 둘레의 멋진 호두나무였다. 옆에는 잘리지 않은 호두나무들이 서너 그루 더 있었다.

호두는 내가 가장 좋아하는 열매였다. 알맹이를 씹으면 너무 고소해서 눈이 번쩍 뜨이곤 했다. 참깨나 땅콩과는 또 다른 맛이었다.

새끼 손톱만 한 작은 꽃잎은 나중에 멋진 호두 잎이 될 것이다. 물론 나는 꽃잎으로 만든 차의 그윽한 맛을 알지 못했다. 하지만 아버지들은 저녁에 집에 돌아오면, 늘 호두잎 차를 마셨다. 잎차에는 하루의 긴장을 풀어 주고 고단함을 달래 주는 힘이 있다고 했다.

고향을 그리워하며 걷던 나는 백여 개의 작은 꽃잎이 모여 하나의 꽃이 되고, 그 꽃이 수십여 개 피어 있는 꽃나무를 발견했다.

어디선가 바람이 불었다. 나뭇가지가 흔들렸다. 가지에 붙어있는 꽃송이도 고개를 아래로 숙였다. 그 모습이 너무 겸손해 보여 차마 그 자리를 떠날 수가 없었다.

신부가 결혼식을 할 때 입는 웨딩드레스처럼 눈부시게 아름다운 꽃이 고개마저 숙이고 있는 모습. 가느다란 가지 하나에 꼬옥 붙어 바람이 불어오는 방향으로 흔들리기도, 때로는 시들어 땅에 떨어지기도 하며 주어진 삶을 견디는 모습에 마음이 먹먹했다.

'작은 일에도 쉽게 화내고 반항부터 하고 보는, 그런데 말야, 하며 상대방의 말이 끝나기도 전에 끼어들기 좋아하는 나와 어쩌면 이렇게 다를까.'

생각에 잠겼다. 정원을 돌며, 곳곳에 피어 있는 수십 가지의 꽃 모양과 색깔을 머리 한쪽에 저장하고 이름을 지어 보았다.

그때였다.

꽃에서 뿜어져 나오는 향기를 맡고 수십 마리의 나비 떼가 모여들었다. 나비는 자기에게 맞는 꽃을 찾아 쉼 없이 날아다녔다. 가슴에 달린 한 쌍의 날개를 죽을힘을 다해 움직이며, 처음이자 마지막 사랑을 나눌 꽃을 찾고 있었다.

나비가 온몸을 던져 추는 춤이 아름다워 나는 눈을 감았다. 사랑스러웠다. 눈을 들어 하늘을 바라보았다. 오늘 하루에 필요한 양식만을 구하였다. 만족했다. 감사했다.

나는 더 깊이 들어갔다. 나무 십자가가 서 있는 곳까지 걸어갔다. 비로소 '식물마을'이라는 팻말이 보였다. 닫혀 있는 양쪽 문을 힘 있게 열었다.

그곳은 3살 정도의 아이들이 모여 사는 곳처럼, 모든 것이 작았다. 작은 벽돌을 쌓고 시멘트를 바르고 다시 작은 벽돌을 지그재그로 공들여 쌓아 올린 3층 건물 높이가 겨우, 내 무릎까지였다.

20개 건물에는 각각 간판이 붙어 있었다. 봄 여름 가을 겨울 꽃 연구소, 열매 창고, 광합성 발전소, 새들의 식당, 바람소리 음악학원, 나뭇잎 종합병원, 이슬방울 은행, 형형색색 물감가게, 강아지 똥 연구소, 고양이 방앗간.

재밌는 이름을 소리 내어 읽으며 걷다가 '땅속 동굴 입구'라고 쓰인 곳에서 멈췄다. 동굴 속으로 들어가면 뭔가 더 멋진 세상이 펼쳐질 것 같은 호기심 때문이었다. 바닥에 바짝 엎드렸다. 양팔과 다리를 앞뒤로 쭈욱 뻗어 흙바닥을 조금씩 기어갔다. 누가 보면 땅 짚고 개헤엄을 치는 모습일 것 같아 조금 창피했지만 말이다.

그때였다.

식물마을에 있는 시계 바늘이 또르르 또르르 소리를 내며 움직이는 것이었다.

'뭐래? 어디서 많이 본 듯한 이 장면은?'

영화의 주인공이 된 것 같아 기분이 좋았다. 하지만 우쭐함도 잠시, 나는 워터 파크에서 슬라이드를 타고 파도 풀에 풍덩 빠지는 것처럼, 끝도 없이 아래로 아래로 빨려 내려갔다.

'정신을 잃었던 걸까?'

눈을 떠 보니 태어나 처음 보는 사람들의 삶이 펼쳐져 있었다. 사막, 성전, 새로운 꽃과 열매, 물고기, 음식과 풍습, 정성을 다해 지키는 절기 등등.

사람들은 이상한 옷을 입은, 그들에겐 너무나 신기한 물건일 안경까지 쓴 나를 반갑게 맞아 주었다. 다행이었다.

어느덧 그들의 삶과 사랑을 옆에서 지켜보며 함께 하늘을 향해 소리 내어 웃기도, 땅에 주저앉아 통곡하기도 하였다. 그렇게 나는 조금 다른 사람이 되어 갔다.

이제부터 나는 용기를 내어 그곳에서 만난 사람들의 이야기를 하고자 한다. 이 책을 펼쳐든 당신, 당신은 나의 소중한 비밀을 마음 놓고 털어놓을 수 있는 가장 믿을 만한 친구이며, 내가 너무나 너무나 사랑하는 나의 독자이다. 지금도 바람이 불 때마다 나의 코를 스쳐 가는 당신의 향기가 너무 좋다.

다만 고백하고 싶은 게 하나 있다. 이 책은 아직 아무도 읽지 않았다. 당신에게만 주는 선물이다. 나는 당신을 보자마자 첫눈에 반했다. 그리고 그 후로 오랫동안 지켜보고 있었다.

1. 나는 별을 세는 사람 아브라함

어느 때보다 치열했던 전쟁이 끝나고 이제 포로로 잡혀 간 롯을 구하러 가야 할 때였다. 그러나, 나는 이미 지쳐 있었다. 현실은 두려웠다. 비록 승리하긴 했지만, 전쟁 후의 허탈감이 쉽게 지워지지 않았다. 언제 또 적들이 복수의 칼날을 들 지 알 수 없었다. 내게 남은 것은 죽음과도 같은 불안과 공포였다.

어제처럼 오늘도 바다로 나갔다. 바다는 언제나 나를 품어 주는 곳이었다. 바다 앞에 서면 겸손해질 수밖에 없었다. 쉴 새 없이 몰아치는 파도와 그 파도를 몰고 오는 거대한 태풍이, 주님이 얼마나 위대한 분인지 깨닫게 해 주기 때문이었다. 바다의 위엄이란 태초에 세상을 창조하신 분의 위엄일 것이었다.

그렇게 젖은 모래사장까지 달려갔다. 하지만 곧, 너무 많은 일을 겪어 낸 하루의 피로가 몰려와 그 자리에 쓰러지고 말았다.

'……얼마나 지난 것일까.'

파도 소리를 듣지 못할 만큼, 얼마나 깊게 잠들었던 걸까. 축축한 모래가 손에 잡히고 밀물이 손끝을 적셨다.

그때였다.

바다 가운데 누군가 서 있는 것이 보였다. 주님이었다. 나도 모르게 물속으로 성큼성큼 걸어 들어갔다. 발등에서 찰랑거리던 물이 발목을 적시고 어느새 무릎에 닿았다. 물이 허리에 차고 가슴 높이까지 올라왔다. 두려움이 그림자처럼 나를 잡아당겼지만, 이번만큼은 반드시 주님을 만나야겠다고 생각했다.

물이 깊어지자 고개를 물속에 집어넣고 팔을 쭉 뻗어 엎드렸다. 헤엄쳤다. 아래를 바라보니 두 다리가 중심을 잃고 물속에서 허우적거리고 있었다. 다시 힘을 내었다. 더 힘껏 헤엄쳐 앞으로 나아갔다.

시간이 지나자, 점점 숨이 차고 다리에 경련이 일었다. 잠시 고개를 들어 하늘을 바라보았다. 조금 전까지도 하얗게 보이던 밤하늘이 짙은 검푸른 색으로 변해 있었다.

강렬한 광선이 순식간에 어떤 길을 만들어 내고 있는 것이 보였다. 별들이 누군가의 시중을 들듯 주변에서 반짝거렸다.

그중 한 빛이 내 마음속으로 들어왔다. 칼로 찌르는 듯 날카롭게 들어왔다. 시리고 따가웠다. 하지만, 닫혀 있던 마음의 샘이 뚫리는 것 같았다. 차라리 시원했다.

마침내 작은 물방울이 심장에서 터져 나오기 시작했다. 물방울은 점점 더 맑고 투명해져 바다에 떨어졌다. 상처받은 심장이었다. 손바닥처럼 작은 내 영혼이었다.

마음 깊은 곳에서 눈물이 쏟아져 나왔다.

'나를 여기까지 이끄신 분은 하나님이다.

나는 지금 하나님을 따라, 하나님과 함께 여기 있는 것이다.'

비로소 깨닫게 되었다.

가슴 한 구석에 딱딱하게 맺혀 있던 것들이 몽글몽글하게 풀어졌다. 이젠 믿음으로 일어날 수 있을 것 같았다. 비록 지금보다 더 깊은 외로움과 고통이 온다 해도 받아들일 수 있을 것 같았다. 기다릴 수 있을 것 같았다. 기대할 수 있을 것 같았다.

조금 더, 견딜 수 있을 것 같았다.

"하나님. 저는 늙은 아브라함입니다. 하나님을 의심하다가 믿고, 믿다가도 의심하는 부족한 종입니다."

부르짖었다.

어디에선가 누군가의 목소리, 분명 낯설지 않은 한 목소리가 들려왔다.

"아브라함아 두려워 마렴, 나는 네 방패란다. 네가 받게 될 상이 아주 크단다."

하늘을 바라보았다.

"두려워 말래두."

목소리가 한 번 더 내 마음을 강하게 두드리고 있었다. 나는 헝클어진 가슴을 만져 보았다.

내가 두려워하는 것이 과연 무엇이었을까.

고향을 떠나 낯선 땅에 와 흘리던 눈물과 고통, 불안. 이런 내게 하나님은 무슨 상을 주시겠다는 걸까.

다시 목소리가 들려왔다.

"네가 아들을 낳을 것이란다. 하늘의 별을 세어 보렴. 네 자녀가 이같이 될 거란다. 그래서 널 이곳으로 데려온 거란다."

내겐 이미 아내의 종, 하갈 사이에서 낳은 아들이 있었다. 모두들 그를 상속자로 생각하고 있었다. 그러나 하나님의 생각은 다른 것 같았다.

"아내 사라를 통해 낳은 아들이 상속자가 될 거란다."

"……."

나는 무릎을 꿇었다. 마음 깊은 곳에서는 하나님을 믿어야 한다고 생각하고 있었다. 약속이 눈에 보이지 않아도, 믿음의 삶을 살아야 한다고 생각했다. 하지만 의심은 여전히 사라지지 않았다. 아니, 어둡고 무서운 바다처럼 깊이 가라앉고 있었다.

나는 바다 아래로 더 깊이 내려갔다. 몸을 새우처럼 웅크렸다. 진짜 믿음이 가슴으로 올라올 때까지 기다렸다.

'다른 상속자라니.'

아내는 아이를 가질 수 없을 만큼 늙었다. 이미 오래 전에 아이를 낳을 수 있는 시기가 지났다. 아내는 웃을 것이다. 이렇게 늙은 여자에게 과연 그런 일이 있겠는가, 하며 말이다.

그러나 나는 목소리를 기억하며 기도하기 시작했다.

"하나님. 저는 자꾸 넘어집니다. 주저앉아 웁니다. 외롭고 불안합니다. 하지만 주님의 목소리를 들은 지금부터는 진심으로 주님만 의지하겠습니다. 주님만 붙잡겠습니다."

그날 나는 폭포처럼 쏟아지는 별 하나를 품에 안았다. 모래사장을 가로질러, 아내 사라가 기다리는 집으로 돌아왔다.

여호와께서 아브람을 밖으로 데리고 나가 말씀하셨다.
"하늘을 올려다보고 별을 세어 보아라. 과연 셀 수 있겠느냐?"
그리고 말씀하셨다.
"네 자손도 이와 같을 것이다."
– 창세기 15:5

2. 나는 울고 있는 아내 사라

새벽녘, 푸르스름한 빛의 기운이 무겁게 닫혀 있는 나의 두 눈으로 스며들었다. 남편 아브라함을 믿고 약속의 땅에 들어와 산지 25년. 때론 끝없이 이어지는 가뭄에 물 한 모금 없이 마른 빵을 삼키기도 하였고, 때론 사나운 세상에서 남의 아내가 될 뻔하기도 했다.

조카인 롯의 처가 소돔으로 떠났을 때는 하나밖에 없는 가족이자 친구를 잃고 한밤중에 잠이 깨어 밤새 마당에 나가 있기도 했다. 하지만 무엇보다 고통스러웠던 건, 낳을 수 없는 아기에 대한 아픔이었다. 그 마음만큼은 아무리 애를 써도 내려놓아지지 않았다.

나는 사람들의 조언에 따라 하녀, 하갈을 남편의 침실로 들여보내기도 했다. 하갈의 자궁이 열리고 아이가 자라 남편의 사랑을 독차지하기까지, 끓어오르는 질투심과 시기심을 거짓 웃음으로 감추기도 하였다. 여주인을 배신한 몸종을 바라볼 때마다 분노가 차올라 밤마다 누군가의 가슴에 바늘을 겨누기도 하였다.

곡식이 더 이상 자라지 않는 황폐한 땅, 오랜 흉년으로 버려진 밭을 걸어갈 때마다 얼마나 자주 내 아기집을 떠올렸던지. 얼마나 많이 그 작은 집을 미워하였던지.

자식이 없는 여자에게 주어지는 사람들의 외면. 차라리 그런 차디찬 눈길쯤은 아무 것도 아니었다. 어떤 열매도 없이 낡아 가는 몸을 바라볼 때마다 나는 조금씩 희망을 잃어 가고 있었다.

남편의 사랑도 하나님의 약속도 도저히 믿을 수가 없었다. 이미 경수가 끊어졌는데 어떻게 아이를 가질 수 있다는 것인가. 이제 또, 어떤 소망을 품어야 한다는 것인가.

한여름이 시작된 뒤, 폭염이 끈끈하게 달라붙어 있는 사방과 주변에 둘러싸여 있는 적막. 그 안에 서 있는 나. 한 줌의 가슴 몽우리를 바라보는 입가에 쓸쓸한 웃음이 퍼졌다. 어디선가 남편의 자조 섞인 웃음이 환청처럼 들려오는 것만 같았다.

"하나님. 100살이나 먹은 사람이 어떻게 자식을 낳을 수 있습니까. 게다가 아내는 벌써 90살인걸요."

그건 세상에서 단 한 번 사랑했던 남자, 남편 아브라함의 목소리였다. 약속의 부름을 받고 함께 길을 떠난 영혼의 친구. 말씀을 붙들고 기도하며 싸우던 시간들. 우리 사이엔 아직 그 추억들은 생생히 남아 있었다.

하지만 지금 바닷가에서 들려오는 남편의 목소리는 나를 너무나 비참하게 만들었다. 그는 엎드려 울고 있는 것 같았다. 하나님을 향해 통곡하고 있는 것 같았다.

그때였다.

마치 꽃잎처럼 부드러운 어떤 목소리가 내 귓가를 맴돌기 시작했다.

"사랑하는 딸, 나의 사라야. 내가 너에게 복을 줄 거란다. 아들을 낳게 해 줄 거란다. 너로 모든 나라의 어머니가 되게 할 거란다. 온 민족의 모든 왕들이 네게서 날 거란다."

분명, 하나님의 음성이었다. 25년 전의 그 목소리였다. 사랑하는 부모님과 형제들, 같은 마을에서 오랫동안 함께 했던 친구들을 떠나 하나님을 전하겠다는 사명을 가지고 이 낯선 땅으로 올 수 있었던 목소리, 남편 아브라함의 손을 맞잡고 힘을 낼 수 있었던 목소리였다.

마침내 나는 자리를 털고 일어났다. 넓고 먼 평야를 달리기 시작했다. 목소리를 잡고 싶었다. 두 손으로 꼬옥 쥐어 내 작은 집으로 밀어 넣고 싶었다.

두 팔을 앞으로 뻗은 채 미친 여자처럼 달리는 동안, 목소리가 어느 새 내 손을 잡아 주었다. 두렵고 떨리는 마음을 꽈악 붙들어 주었다.

나는 목소리를 자궁 안으로 밀어 넣는 대신 양쪽 가슴 속에 소중히 담아 놓았다.

'아이가 자라면 젖을 물려야겠지? 아이는 젖 속에 무언가 달콤한 게 있다는 걸 알게 되겠지? 부드럽고 달콤한 목소리를 먹으며 아이는 무럭무럭 자라나겠지? 남편 아브라함을 닮아 키가 무척 크

겠지?······'

나는 그 자리에 멈추었다. 더 달려가지 않아도 되기 때문이었다. 내가 달리지 않아도 목소리가 내게로 달려오고 있다는 걸 알았기 때문이었다.

"주님!"

거칠고 격하게 요동치던 마음의 빗장을 가만히 풀어놓았다. 모든 나라의 어머니로서의 소망, 민족의 모든 왕이 오랫동안 비어 있던 내 몸에서 나올 거라는 약속.

그 약속을 받은 나는 더 이상 소리 없이 우는 여자가 아니기 때문이었다. 살아가는 내내 소리 내어 웃는 여자가 되어도 모자를 참이었다. 웃음소리가 너무 커서 두 손바닥으로 입을 꽉 막아야 할지도 모르기 때문이었다.

사랑하는 사람이여,

만약 어디선가 소리 없이 울고 있는 사람이 있다면 내 이야기를 들려주지 않겠는가?

만약 소리 내어 웃고 있는 사람을 만난다면 그렇다면 말이네, 그 웃음소리 속에 담긴 주님의 달고 단 목소리를 들어 보지 않겠는가.

내가 그녀에게 복을 주어 반드시 그녀를 통해서 네 아들을 낳게

하겠다. 또한 많은 나라의 어머니가 되게 하고, 나라의 왕들이 나
오게 하겠다.

– 창세기 17:16

3. 나는 롯의 그림자

날이 저물 때였다. 두 천사가 소돔에 도착했다. 나는 마침 성문 가까이에 있다가, 한 사람이 천사를 맞이해 자기 집으로 안내하는 것을 보았다. 사람의 인상을 꼼꼼히 살폈다. 그는 아브라함의 조카 롯이었다. 그간 롯의 소식을 궁금해하던 차였다. 나도 그의 집으로 들어갔다.

롯의 집은 궁핍하고 초라하기 짝이 없었다. 이렇게 살려고 삼촌 부부인 아브라함과 사라를 배신했던가. 롯의 처지가 딱하고 안타까웠다. 집안 곳곳을 둘러봐도 롯의 아내는 보이지 않았다. 저녁 거리를 사려고 시장에 간 것 같았다.

롯은 우선 식탁에 놓여 있는 무교병으로 천사들을 대접했다. 미흡한 식사였지만, 먼 길을 달려온 탓인지 천사들은 경건하게 기도를 한 뒤 무교병을 조금씩 떼어 입으로 가져갔다. 천사들의 입가에 미소가 지어졌다. 부족한 음식에도 진정한 감사를 표현할 수 있는 그들의 모습에 나는 잔잔한 감동을 느꼈다. 롯도 그랬을 것이다.

그렇게 식사를 마치고 잠자리에 들 때였다. 밖에서 시끄러운 소리가 들려왔다. 나는 슬며시 나가 보았다.

온통 아우성이었다. 소돔 성 사람들이 롯의 집을 에워싸고 있었다. 그들은 이미 이성을 잃은 뒤였다. 수성(獸性)에 가득 찬 소리는 차라리 짐승의 울부짖음 같았다. 야만스럽고 잔인했다. 속수무책이었다.

롯이 밖으로 나왔다. 줄무늬 잠옷에 낡은 외투 하나를 급히 걸쳐 입은 차림이었다.

그들은 롯을 향해 소리쳤다.

"지금 네 집으로 들어 간 사람들이 누구냐? 어서 끌어내! 우리가 원한다고."

그들의 눈은 이미 색정으로 불타 있었다. 감히 천사들을 겁탈하러 온 밀렵꾼들이었다.

롯은 잠 든 천사들이 깰까 봐, 사람들을 일단 조용히 시켰다. 조심스럽게 뒷걸음질 쳐, 문을 잠그고 열쇠를 채웠다. 비장한 표정으로 다시 무리에게 다가갔다.

"이 손님들을 건드리지 마십쇼. 제발 부탁입니다. 너무 특별한 분들예요. 두 딸을 드리죠. 제발, 이 손님만은 안 됩니다."

롯이 간곡히 말했다. 하지만 그들은 '후훗' 코웃음을 쳤다. 악마의 영혼이란 이런 것인가 보았다. 그들은 이미 인간이 아니었다.

'쾅! 쾅!'

그들은 벌써 도끼와 창을 들고 와 롯의 대문을 때려 부수고 있었다. 차마 눈 뜨고 볼 수 없는 광경이었다. 롯도 나도 어찌할 수가 없었다.

그때였다.

모든 상황을 잠잠히 지켜보던 천사가 롯을 향해 손을 내밀었다. 롯을 집으로 끌어들였다. 나도 재빨리 집으로 빨려 들어갔다.

천사는 문을 굳게 닫았다. 눈을 감고 기도하기 시작했다.

밖에서 다시 아우성치는 소리가 들렸다. 미친 짐승들이 널을 뛰는 것 같았다. 서로를 때리고 밟고 끌어안고 뒹굴기를 여러 번, 서로의 목을 강하게 누르며 교성을 질러 댔다. 죽이고 싶어 안달했다.

얼마나 지난 것일까.

비명 소리가 사방에 울려 퍼졌다. 사람들이 두 손으로 눈을 움켜쥐며 쓰러졌다. 조금 전까지 살기가 가득했던 눈은 이미 캄캄하게 먼 상태였다. 순식간에 장님이 된 그들은 비명을 지르며 악악거렸다.

롯은 서둘러 가족들을 깨웠다. 지금 일어나고 있는 상황을 다급한 목소리로 전했다. 하나님께서 곧 성을 멸망시킬 거라는 걸, 롯도 예감하고 있는 것 같았다.

그러나 사위들의 반응은 달랐다. 롯의 말을 믿지 않았다. 사위들 역시, 조금 전 눈이 먼 사람들과 다를 바 없었다. 정욕(情慾)으로 가득 찬 눈빛이 그렇게 말해 주고 있었다.

난 알고 있었다. 야성과 본능의 덫에 걸려드는 순간, 인간이라는 존재가 얼마나 허망하게 주저앉는가를.

그건 내가 그림자이기 때문이었다. 자기 그림자를 본 사람은 세상에 없다. 그림자만이 사람의 그림자를 볼 수 있다. 그림자만이 사람의 정욕을 볼 수 있다.

정욕은 처음엔 가면을 쓴 채 사람들을 찾아다닌다. 누구를 만나든 부드럽고 친절하며 따뜻하게 대한다. 사람들이 가슴 속에 숨기고 있는 죄에 대해 허심탄회하게 털어놓을 수 있도록 길을 터 준다. 그들을 진심으로 이해해 준다.

왜냐하면 정욕이 죄 자체이기 때문이다. 사람들은 점점 마음의 열쇠를 그에게 내어 준다. 고통스러울 때마다 그를 찾아간다. 외로우면 언제든 놀러 와도 된다고 자신을 허락한다. 그쯤 되면 그는 가면을 벗어도 된다. 추잡한 얼굴이 드러난다 해도 이미 사람들 마음의 열쇠를 거머쥔 이상, 굳이 꾸미거나 속일 필요가 없기 때문이다.

롯을 따라 밖으로 나갔을 때였다. 난데없는 악취(惡臭)에 나도 모르게 코를 움켜쥐었다. 정욕을 드러낸 사람의 그림자에선, 세상의 어떤 부패한 음식보다 썩은 냄새가 풍기기 마련이었다.

날이 밝아 왔다. 시간이 얼마 남지 않은 것 같았다. 천사들이 롯을 재촉했다. 남아 있는 아내와 두 딸만이라도 데리고 빨리 떠나라고 말했다. 소돔 성은 이미 조금씩 무너지고 있었다.

그러나 롯은 망설였다. 천사들의 말을 완전히 신뢰하지는 못하는 것 같았다. 나는 롯의 눈을 바라보았다. 예상은 빗나가지 않았다. 소돔성의 풍속과 습관에 끈끈히 달라붙어 있었다. 그걸 쉽게 끊을 수 없는 것 같았다. 머뭇거리는 것이 당연했다. 마음으로부터 하나님을 지운 사람들처럼 말이다.

난 롯을 이해할 수 있었다. 스스로 죄악의 성을 빠져나온다는 것이 쉽지 않을 것이다. 그는 이미 약속의 땅 대신, 소돔을 선택하지 않았던가. 도성에서 은밀하게 죄를 즐기지 않았던가. 그의 내면엔 하나님으로 인한 어떤 영향력도 사라진 지 오래지 않은가.

천사들은 더 이상 기다릴 수 없었다. 롯과 아내와 두 딸의 손을 잡아 성 밖으로 끌고 나갔다. 롯 일행을 소알 성까지 피하도록 도와주었다.

마침내 그들이 소알에 들어가자, 소돔성에 유황불이 쏟아져 내리기 시작했다. 아름답고 화려하게 솟은 건물들이 무너지고 사람들이 비명을 지르며 잿더미로 변해 갔다. 그동안 롯이 모았던 가축과 물건들도 화마(火魔)로 휩싸였다. 천사들을 성폭행하고자 한 사람들, 그리고 롯의 사위들도 비참하게 타 들어가고 있었다.

그때였다. 롯의 아내가 나를 불렀다. 집과 재산을 도저히 버려두고 갈 수 없다는 것이었다.

"미쳤어요? 뒤돌아보지 말라는 천사들의 말을 잊었어요? 어서 달려요, 앞만 보고."

나는 소리쳤다.

하지만 그녀는 고개를 가로저었다.

"저건 내 인생 전부야. 나를 다 걸었다고. 근데 저렇게 두고 다시 어떻게 시작하란 말야?"

내가 어찌할 틈도 없이 그녀는 천천히 뒷걸음질치기 시작했다. 그렇게 몇 발자국을 디뎠을까.

"아악"

그녀는 순식간에 굳어지고 있었다. 돌처럼 딱딱하게 소금 기둥으로 변해 가고 있었다. 롯과 나는 그 자리에 멈춰 섰다. 롯은 참았던 눈물을 쏟으며 주저앉았다.

"흑, 흐윽……"

가슴 깊은 곳에서 흐르는 슬픈 회한의 눈물이었다. 롯은 모든 것을 잃었다. 마음으로부터 하나님을 지운 대가로 얻은 재물이 불에 타는 것쯤은 아무것도 아니었다. 가족을 잃고 사랑을 잃었다. 삶을 지켜 낼 수 있는 꿈을 잃었다.

그래도 우리는 다시 일어났다. 몸을 추슬렀다. 소금 기둥이 된 롯의 아내를 버려 둔 채, 달리고 또 달렸다. 다리가 마비되어 한 걸음도 내딛지 못할 때까지 말이다.

마침내, 불길이 보이지 않는 곳에 이르렀다. 롯은 낯선 땅에 천막을 쳤다. 머물 곳을 마련해 몸을 뉘였다. 하지만 그는 밤마다 뒤척였다. 술을 마시지 않고는 두어 시간도 잠을 이루지 못했다. 하나님이 없는 마음에 이미 '불안'의 그림자가 찾아온 것 같았다. 롯에게 찾아온 새 그림자는 이미 그의 몸과 영혼을 강하게 사로잡고 있었다.

　이제 나도 롯의 곁을 그만 떠나야 할 시간이었다.

　하나님께서 들판의 성들을 멸망시키실 때 아브라함을 기억하셨다. 그래서 롯이 살던 성들을 뒤엎으실 때 그 가운데 롯을 구해주셨다.
　- 창세기 19:29

4. 나는 형을 속인 동생 야곱

땅의 모든 새싹이 새로운 시작, 새로운 계절을 알리는 3월이었다. 고향을 떠난 지 20년 만이었다. 익숙한 흙냄새, 강한 햇빛. 바람이 불지 않는 날씨. 이방 땅에서 태풍과 폭우에 맞서 싸울 때마다 그립던 고향의 향기가 내 코끝을 간지럽히고 있었다.

뒤를 돌아보았다. 두 아내와 11명의 아이들. 하나님은 내게 과분한 축복을 주셨다. 게다가 요셉. 사랑하는 아내, 라헬과의 첫 번째 보석까지 품에 안겨 주셨던 것이다.

'어쩌자고 그렇게 큰 잘못을 저질렀던 걸까. 장자권이 뭐라고 그렇게 안달을 했던 걸까.'

아버지가 형을 바라보던 눈빛, 생에서 아버지가 가장 강했던 시절을 떠올릴 때의 그 눈빛을, 내가 질투한 것이 시작이었다. 질투심이 마음에 서서히 자라나는 걸 두고 본 것이 실수였다. 아버지가 형을 바라보는 눈빛만큼이나 어머니가 나를 생각하는 마음 또한 지극했는데 말이다.

그해도 3월의 한낮이었다. 어머니는 손짓으로 나를 불렀다. 그리고 말했다. 아버지와 결혼한 지 오랜 동안, 아이가 없어 힘들었

29

던 시간에 대하여. 아브라함 할아버지는 분명 하나님의 약속을 받은 분이었다. 자손을 크게 번성하게 하겠다고, 나라를 세우겠다는 약속을……

하지만 오랜 기다림에도 자식이 생기지 않자, 어머니는 걱정과 눈물이 마음속에 밀려왔다. 그리고 마침내, 40일 기도 끝에 태동을 느끼게 되었다고 한다.

뱃속에서 두 아이의 움직임을 강렬하게 느꼈다고 한다. 매우 드물었던 쌍둥이 임신이었다. 아이들의 손과 발이 만들어지고 각각 두 개의 눈, 두 개의 귀, 입과 코, 머리가 만들어지는 것을 느꼈다고 한다. 두 아이가 배를 누르고 차는 것을, 씨앗이 땅에서 움트고 폭발하듯 만들어지는 것을 어머니는 온몸으로 견뎌 냈다.

가슴이 답답하고 먹은 음식이 어딘가에 걸려 있는 것 같았다. 걸을 때마다 지진이 나는 듯 어지러웠다. 아버지는 그런 어머니에게 더없이 따뜻하고 세심했다. 어린 시절에 즐겨 먹던 음식을 만들어 주고 계절에 관계없이 과일을 구해다 주었다. 밤이면 언제나 품에 안고 잠들었다.

마침내 아이들의 심장이 움직이는 게 느껴졌을 때, 아버지는 노래를 불러 주었다. 아버지는 마을에서 노래를 가장 잘 부르는 사람이었다. 옛날부터 이어져 오던 유목민의 노래를 말이다. 목소리는 새로 나온 잎처럼 촉촉했고 갓 태어난 새끼 양처럼 따뜻했다. 우물물처럼 담백하다가도 새로 피는 꽃들처럼 다채로웠다.

나도 아버지의 노래를 기억한다. 새벽에 눈을 뜨자마자 아버지는 밤새 가라앉았던 목부터 가다듬었다.

- 아, 아…….

동굴 깊은 곳에서나 들릴 법한 소리가, 호흡이, 새벽을 흔들며 집안에 울려 퍼졌다. 형과 나를 깨웠다.

내겐 이불 속에 더 누워 있고 싶은 우울한 날들이 많았다. 주로 계절이 바뀔 때였다. 알 수 없는 기분이 마음을 강하게 짓눌러 헤어 나오지 못했다. 고통스러웠다. 그 고통의 끝까지 혼자 발버둥 친 뒤에야 기도가 튀어 나왔다.

- 할아버지의 하나님, 아버지의 하나님. 제가 세상으로 나갈 수 있도록 해 주세요. 저를 깨워 주세요.

그때마다 아버지의 부드러운 노래가 힘을 발휘했다. 내 마음의 어떤 부분에 가 닿았다. 감동은 점점 아버지에 대한 선망으로 이어졌다. 자랑스러운 아들로 인정받고 싶었다.

- 아빠, 나도 형처럼 강해요. 키도 몸도 커질 거예요.

마음속 목소리는 점점 더 커져갔다. 마침내 나이 드신 아버지의 눈이 어두워지고 세상이 희미해지던 날, 유언을 하러 형을 불렀던 날, 나는 화가 머리끝까지 치솟아 견딜 수가 없었다.

아버지가 형만 따로 불러 이야기하던 건 여러 번 있는 일이었다. 하지만 그날은 뭔가 간절하고 은밀했다. 아버지와 형의 대화를 엿듣던 내 마음 속엔 이미 사탄이 들어와 있는 것 같았다.

'내가 아버지에게 정직해야 하는 걸까? 반드시 그럴 필요가 있을까?'

의심이 들었다.

아버지는 늘 나를 멀리했다. 나와 있을 때면 아무런 표정이 없었다. 둘 사이에 흐르는 침묵은 고통스러웠다. 아버지도 그런 것 같았다. 언제나 아버지가 먼저 침묵을 깨고 말했는데 당신의 필요를 채우는 것, 무언가를 요구하는 것, 어머니나 형에게 전달해 달라는 말뿐이었다.

아버지와 둘만의 관계를 만들고 싶었다. 형처럼 아버지와 단 둘이 이야기하고 싶었다. 청년이 되면서 어머니에게 할 수 없는 생리적인 것들, 여자에 관한 것들, 형과의 깊어진 갈등에 대해 조언을 구하고 싶었다. 하지만 아버지 마음에 나는 없었다.

아버지는 많이 늙었고 몸도 야위었다. 하얗고 빛나던 얼굴에 주름이 가득했고 아침에 하던 산책도 멈췄다. 짜증이 늘고 자주 화를 냈다. 기다리는 걸 고통스러워했다. 특히 식사에 대해 그랬다. 조금이라도 허기지는 것을 견디지 못했다. 어린아이처럼 되어 갔다.

아버지의 젊은 날, 마을에서 가장 빛나던 얼굴, 하나님을 생각하는 눈동자, 마음에서 우러나오는 찬양. 아버진 내게 완벽한 남자였다. 그 사람이 이렇게 무너지고 있는 것이다.

마침내 나를 형으로 착각한 아버지가 내 머리에 손을 얹고 장자 축복의 기도를 하실 때, ……그건 내 인생에서 가장 지우고 싶은 기억이었다.

'아버지, 형, 그리고 하나님에게 지금 나는 얼마나 큰 죄를 저지르고 있는 것인가.'

당장이라도 아버지의 기도를 멈추게 하고 싶었다.

- 야곱이에요. 어떻게 모를 수가 있어요? 아버지 같은 남자가 되고 싶은 둘째라구요.

소리 지르며 뛰어나가고 싶었다. 하지만 그럴 수가 없었다. 밖에는 어머니가 기다리고 있었고 곧 형이 돌아올 시간이었다. 차라리 영혼을 사탄에게 맡기고 잠자코 있는 것이 나을 것 같았다.

마침내 아버지의 기도는 끝났다. 영혼 속으로 더 큰 어둠이 쏟아지는 것 같았다. 몸이 휘어지는 것 같았다.

검은 파도. 그랬다. 세상의 모든 먼지를 쓸어 모은 까만 물들이 밀려왔다. 하얀 포말조차 검은 거품으로 변한 물에선 악취가 풍겼다. 나는 본능적으로 코를 막았다.

있는 힘을 다해 달아났다. 아버지의 집으로부터, 어머니와 형으로부터, 그리고 나의 하나님으로부터.

'어떻게 용서받을 수 있을까! 이렇게 엄청난 죄를 저질렀는데. 나라면 용서할 수 있을까! 형보다 그릇이 훨씬 작고 얄팍한 내가? 과연 형이 이 일을 기억에서 지울 수 있을까? 시간이 지난다고 장자 축복 기도를 빼앗긴 마음이 희미해질까? 어떻게 복수의 칼을 접을 수 있을까? 짐승의 무엇이라도 핥으며 고통을 곱씹지 않을

수 있을까.'

한때는 한 팀이 되어 이웃 양치기 형제들에 맞서 싸우고 아버지가 하나님을 만났던 모리아산을 함께 올랐다. 아버지와 형 그리고 나 이렇게 셋은 마른 땅을 팔 때마다 우물을 발견했다. 그 우물을 이웃 마을 사람들이 와 빼앗으면, 다시 돌땅을 팠다. 팔 때마다 새로운 우물을 발견했다.

아침마다 가족이 모여 예배를 드렸다. 하품을 하기도 꾸벅꾸벅 졸기도 하다, 모두의 따뜻하고 부드러운, 오직 하나님에 대한 사랑으로 가득 찼던 눈빛을 마주했었다.

'……내가 어머니를 거절할 수 있었을까!'

어머니는 예언 이야기를 했었다. 내가 장자가 될 거라는 예언.

나는 고개를 저었다. 이런 방법은 분명 아니었을 것이다. 아버지를 속이고 형을 속이는, 이렇게 어처구니없는 방법은 결코 아니었을 것이다.

- 배고파 죽겠어.

형이 들판에서 돌아오던 날, 하필이면 내가 팥죽을 끓이고 있을 때였다. 나는 죽을 건네면서 장자권을 팔라고 했었다. 아무리 형이 그걸 가볍게 여겼다 하더라도 내가 형을 유혹한 것이 먼저였다.

아버지의 기도까지 가로챈 뒤 형을 피해 달아났을 때 난 이미 무너져 있었다. 손에는 어머니가 급히 그려 준 지도 한 장, 물 한 병과 기름 한 병, 짐승의 공격을 막아 낼 지팡이 하나만 남아 있을

34

따름이었다.

'20세.'

가족과의 첫 이별이었다. 당장이라도 쏟아질 듯 눈물로 가득 찬 어머니의 기도를 받고 나는 하란으로, 외삼촌이 사는 하란으로 무작정 달렸다.

기도가 없었다면 난 결코 달리지 못했을 것이다. 아버지와 형에 대한 죄책감이 바위처럼 몸 전체를 짓눌러 꼼짝도 하지 못했었다. 곳곳에 사탄이 서 있는 환각마저 보였다.

결국 나는 주저앉았다. 무력감이 몰려왔다. 그냥 형 손에 죽는 게 낫다 싶었다. 나는 걸으면서 울었고 울면서 걸었다.

'스무 살짜리 건장한 청년의 눈물이라니…….'

길가에서 마주치는 사람들의 시선이 비웃음처럼 느껴졌다. 땀이 한두 방울 흐르다, 땅에 툭 툭 떨어졌다. 속옷까지 흠뻑 젖은 것 같았다. 엉망이었다. 비참함이 발끝까지 전해졌다.

'우물'

우리 모두의 우물을 생각했다. 윗옷을 벗어 던졌다. 햇볕에 젖은 몸을 말렸다. 기분이 나아질 때까지 그렇게 서 있었다. 뜨거운 태양을 달게 받으며 견디었다.

해가 지고 있었다. 다행히도 고향으로부터 꽤 많이 떨어진 거리였다. 평소라면 3일 이상 걸리는 길을 하루 만에 달려온 것이다. 서서히 졸음이 몰려왔다.

빽빽하게 차 있는 숲 사이를 헤치고 들어가 장막이 쳐져 있는 곳을 찾았다. 산을 떠도는 짐승들의 수많은 위협에도 나는 살아서 하란 외삼촌댁으로 가야 했다.

'……얼마나 시간이 흐른 걸까.'

안개 속에서 눈을 떴다. 배가 고팠다. 먹을 만한 것을 찾아 나섰다. 낯선 산을 오르내리며 돌부리에 걸려 넘어지다, 내리막길로 굴러 떨어졌다. 바람이 부는 방향으로 몸을 틀어 숨을 고르다가 다시 올랐다.

생전 처음 보는, 크기도 모양도 색깔도 다른 수백 개의 꽃을 지나쳐 갔다. 본능적으로 먹을 수 있는 것과 먹을 수 없는 것을 구별해 냈다. 희한한 일이었다. 비교적 모양이 단순한 것은 아무 맛도 없었다. 독도 없었다. 하지만 무늬가 복잡하고 잎 하나에 색깔이 여러 가지인 것은 혀를 대는 순간, 쓴 맛이 훅, 올라왔다. 독이었다.

적당한 터를 잡고 크고 작은 돌을 가려내어 평지를 만들었다. 바닥에 떨어진 잎사귀를 주워 모으니 주변이 훨씬 풍성해 보였다.

봄이라 잎이 많았다. 지난 해 여름, 가을, 겨울, 세 계절을 온전히 기다린 잎은 나처럼 바닥에 주저앉아 울고 있는 것 같았다. 나도 그 모양을 따라 얼굴과 가슴, 배와 허벅지, 그리고 발등을 흙바닥에 대고 엎드렸다.

나무를 닮고 싶었다. 나무로 태어나 나무처럼 자라고 싶었다. 노동에 지친 사람에게 잠자리가 되어 주고 가족을 잃은 사람에게 친구가 되어 주고 마음이 아픈 사람에게 약이 되어주고 싶었다. 그리고 이렇게 땅에 엎드리고 싶었다. 엎드려 울고 싶었다.

나는 베고 잘 수 있는 돌을 구했다. 그렇게 잠이 들었다.

……사닥다리 하나가 땅에 서 있다. 꼭대기가 하늘에 닿아 있다. 천사가 사닥다리를 오르락내리락 하고 있다. 하나님의 음성이 들린다. 내가 누워 잠든 땅을 나와 내 자손들에게 주시겠다는 말씀. 할아버지의 하나님, 아버지의 하나님이 나와 함께 있어 나를 지키며 고향으로 다시 데리고 오겠다는 말씀이 들린다…….

나는 잠에서 깨어났다. 이곳에 하나님이 계시다는 강력한 깨달음이 지진처럼 내 마음을 흔들었다. 마음에 평안이 찾아왔다.

머리에 베었던 돌로 기둥을 세우고 그 위에 어머니가 주신 기름을 부었다. 이곳을 벧엘, '하나님의 집'이라 불렀다. 무릎을 꿇었다. 내가 기둥으로 세운 이 돌 터에 하나님의 집을 지을 것과 하나님이 주신 모든 것의 10분의 1을 드리겠다는 서원 기도를 올렸다.

*

20년은 쏜살같이 흘렀고, 어느덧 나는 40세가 되었다.

'40세'

인생에서 어떤 성취를 말하기엔 아직 젊은 나이였다. 하지만, 난 많은 걸 이루었다. 하란에서 20년을 일하며 두 아내와 11명의 아이들, 그리고 살림에 필요한 재산을 마련했다.

그러나 내 마음속엔 여전히 7살 어린 남자아이가 살고 있었다. 아직 엄마에게 칭얼거리고 투정 부릴 나이. 이기적인 어린아이의 세계가 있었다.

'형, 형' 하며 쫓아다니다가도 금방 토라져, 어이, 형! 세상에 조금 먼저 나왔으면 다야? 내 맘을 알아? 형이 나를 무시할 때마다 비뚤어지는 맘을. 형처럼 막무가내로 굴지는 않을 거야 하다가도, 역시 형이라 그런가 하는 마음을.

문득, 형이 들판에 나가고 없을 때마다 몰래 형의 양털 조끼를 입어 보던 게 떠올랐다. 하란에 있는 동안 형을 생각하던 날이 많았다.

바람이 강하게 불고 비가 쏟아지면 형이 걱정되었다. 친구들 앞에서 형이랑 같이 있으면 어깨가 으쓱하던 것, 형과 영원히 같이 살 줄 알았던 것. 그 생각에 밤새 뒤척였었다.

서로 챙겨 주고 단짝처럼 죽이 잘 맞아 어른이 되어도 함께 일하며 가장의 책임을 서로 나눌 수 있겠다 생각했었다.

날 귀여워하던 옆집 아줌마에게 과일 선물을 받으면 제일 먼저 형 생각을 했었다. 같이 먹고 같이 마시고 싶었다. 그런 사소한 일을 형과 함께 하고 싶었다. 세상에서 느끼는 기쁨을, 슬픔을, 분노를, 내게 일어나는 모든 일을 형에게 제일 먼저 알리고 싶었다. 몸만 쌍둥이일 뿐 아니라 마음과 영혼의 쌍둥이가 되고 싶었다…….

그날 밤이었다.

한 사람이 싸움을 걸어왔다. 나는 하란에서 삼촌의 반복된 배신에도 꿋꿋이 견디었다. 형을 속인 죗값이라 생각하기에 20년의 노동을 달게 견디어 냈었다.

그러니 나는 지금 이기고 싶었다. 누구와 싸워도 이길 수 있을 만큼 강해졌으니 말이다.

씨름은 계속되었다.

분명히 내가 이기고 있었다.

그런데, 그때였다.

갑자기 그가 나의 엉덩이뼈를 세게 쳤다. 의외의 공격을 받은 나는 제 자리에 어이없이 쓰러지고 말았다. 일어나려 했다. 하지만 일어날 수가 없었다. 뼈가 부러진 것 같았다. 땅을 짚고 몸을 가까스로 일으켰다. 다리를 절뚝거리며 그에게 다가갔다.

그런데 그는 사람이 아니었다. 사람이라면 이런 힘이 있을 리 없었다. 이런 초자연적임 힘을 가질 수 없었다.

그는, ……하나님이었다. 사람이 가질 수 없는 힘을 가진 그분은 사람을 만든 분이었다.

나는 엎드렸다. 그분의 다리를 끈질기게 잡고 매달렸다. 죽을 힘을 다해 부르짖었다.

"하나님, 저를 받아 주세요. 하나님의 힘에 항복합니다. 하나님께 항복합니다. 제 힘으로 이룬 것은 아무 것도 없습니다. 모두 하나님 덕분입니다. 제가 잊었습니다. 지금까지 제 삶을 지켜 주신 것을 그만 잊고 말았습니다."

눈물을 쏟으며 회개의 기도를 드렸다. 그 눈물이 내게 형을 만날 수 있는 용기를 주었다.

*

형이었다.

멀리서 희미하게 보이던 형의 모습이 점점 가까워지고 있었다. 나는 가슴이 두근거려 견딜 수가 없었다. 얼마나 그리워했던, 보고 싶었던 형인가. 아니, 아니다. 얼마나 무섭고 두려웠던, 꿈에서 만난 날이면 내내 식은땀을 흘리며 누워 있던 형인가.

형을 마지막으로 본 게 언제였던지……, 하지만 형이 분명했다. 아버지를 닮아 단단한 골격, 넓은 어깨와 큰 키, 새잎처럼 파란 힘줄, 어머니를 닮은 짙은 갈색의 머리카락. 형의 실루엣이 바람에 흔들리고 있었다.

형과의 거리가 점점 좁아지고 있었다. 형의 사람들은 400여 명 정도 되어 보였다. 자녀들을 아내에게 맡기고 나는 맨 앞으로 나갔다. 땅에 엎드렸다. 일곱 번 절하며 형에게 다가갔다.

그때였다.

세 번째 절하기 위해 무릎을 꿇었을 때 형이 내게로 달려왔다. 환하게 웃고 있는 얼굴에 눈물이 흐르고 있었다. 형이 내 목을 끌어안고 입을 맞추었다. 우리는 함께 울었다. 복수심도 죄책감도 씻어 내리는 뜨거운 눈물이었다. 샘물처럼 단 물이었다.

형이 나를 용서했다는 것도 평안하게 살고 있다는 것도 알 수 있었다. 이마에 깊은 주름이 생겼고 드문드문 새하얗게 빛나는 머리카락도 있었다.

고향을 떠난 내가 얼마나 모진 세상의 풍파를 겪었는지, 생의 밑바닥을 헤매며 얼마나 험한 삶을 살아왔는지, 얼마나 고향과 형을 그리워했는지 형도 아는 것 같았다. 우리 형제의 몸과 마음, 영혼을 흔들어 대는 눈물엔 그런 힘이 있었다.

"야곱아, 사랑하는 야곱아."

"형"

서로를 불렀을 때, 모든 것이 멈춘 것 같았다. 세상에 우리만 남은 것 같았다. 계절이 수십 번 바뀌고 꽃이 피었다 지었다. 나무가 뿌리까지 썩어 거센 물살에 휩쓸려 가고 어딘가에서 날아온 씨가 땅을 만나 새싹을 품었다. 새순이 자라 붉은 꽃이 피고 열매가 맺혔다.

모든 장면이 기적 같았던 자연의 변화를 지켜보며 나는 비로소 하나님에 대해 선명하게 알게 되었다.

하나님이 아니라면, 하나님이 아니라면 무엇인가!

어떻게 이토록 질서정연하게 자연이 자기 때에 맞추어 삶과 죽음을 반복할 수 있는가! 우리 형제도 자연의 일부일 뿐이다. 태어날 때와 헤어질 때 다시 만날 때가 있는 자연의 하나일 뿐이었다.

"형, 나 많이 달라졌지?"

"나도 변했어."

우린 예전의 단짝처럼 서로를 바라보았다. 웃다가 울었다. 그리고 다시 웃었다. 형의 눈 속에 내가 있었다. 하늘과 땅, 자연에 순응한 한 인간이 있었다. 반항과 야망, 죄와 벌을 알게 된 한 사람이 있었다. 흙으로 빚어졌기에 흙으로 돌아갈 수 있도록 성장한 한 생명이 있었다.

저녁 바람이 불어왔다. 나뭇잎 한 장이 형의 오른쪽 어깨에 떨어졌다. 비둘기가 우리 곁으로 날아오고 있었다. 땅과 하늘이 맞닿은 지평선 사이로 붉은 노을이 퍼져 갔다. 곧 달이 떠오를 것 같았다.

사다리를 타고 올라가 하늘에 닿아서 기억하고 싶은 새로운 풍경이 만들어지고 있었다. 감사했다. 하나님이 우리와 함께 계신다는 사실이 너무나 분명하게 느껴졌다.

그렇게 나는 형에게도 하나님에게도 용서받았다.

이제 네 이름은 더 이상 야곱이 아니라 이스라엘이다.
네가 하나님과 겨루고 사람들과 겨루어 이겼기 때문이다.
– 창세기 32:28

5. 내가 만난 삼손

오늘은 여름수련회의 첫 날이었다. 나는 아침부터 심장이 둥둥거려 견딜 수가 없었다. 여름 수련회는 한 해의 가장 큰 행사였다.

"난 모세 할아버지처럼 하나님을 만날 거야. 어젯밤부터 저녁 금식이라구."

"요즘 난 야곱 할아버지처럼 천사와 씨름하는 꿈을 꿔. 함 겨뤄 볼 거야."

"에헴, 여기 드보라 할머니 납신다."

친구들은 며칠 전부터 기대에 차 있었다.

내겐 10대의 마지막 수련회였다. 내년부터는 어머니를 도와 본격적으로 살림을 해야 했다. 그렇게 되면 수련회를 가는 일은 어려울 것이다.

- 친구들과 신나게 놀다 오렴.

어머니가 말했다. 그동안 동생들 저녁 식사를 맡아 해 온 내게, 늘 미안해하던 어머니가 밝게 웃었다. 하나뿐인 딸을 예쁘게 가꿔 주지 못하는 걸 안타까워하던 어머니였다.

- 엄말 닮아 눈이 예쁘잖아요, 다들 나만 쳐다본다구.

나는 어깨를 으쓱, 했다.

아침마다 동생들 도시락을 싸느라 예배에 매일 지각을 하는 친구도 있었다. 부모님이 안 계시는 그 친구를 생각하면 어머니에게 투정 부릴 나이가 아니었다. 결혼을 생각하고 엄마가 될 준비를 해야 할 때였다.

내 환경에 가끔 불평이 들 때도 있었다. 하지만 난 과연, 엄마 같은 엄마가 될 수 있을까를 생각하면 아찔했다. 아이들을 위해 기도하는 엄마가 될 수 있을까. 지금도 기도 시간만 되면 갑자기 머리가 하얘지며 말문이 턱, 막히는데 말이다.

"우와! 삼손이닷"

수련회 장소에 도착했을 때였다. 이번 수련회를 위해 특별히 오신 새 선생님을 보자마자 모두들 소리를 질렀다.

건강하고 탄탄한 몸. 아이들을 한손으로 번쩍 번쩍 들어 올리는 힘. 선생님은 누가 봐도 삼손, 그 자체였다. 3미터 키에 몸무게가 300킬로그램에 육박하는 선생님한테 기껏해야 50킬로그램 정도인 우리들을 인도하는 일쯤은 별 거 아니었다. 수련회 내내 우리는 선생님을 졸졸 따라 다녔다.

"삼손 선생님, 이 바위도 들 수 있어요? 언덕도 옮길 수 있어요?"

그때마다 선생님은 지긋이 미소를 지어 보일 뿐이었다

아침 기도 시간에 맞춰 세수도 못한 얼굴로 모여 있는 우리들 앞에 선생님이 나타났다. 선생님은 우리가 곯아 떨어져 있을 때 이미 주변 해안가를 두 바퀴나 돌고 온 뒤였다. 선생님이 우리들 가까이 왔을 때 새벽 공기 냄새가 났다. 달았다. 무화과 향이었다.

"후우, 더워."

선생님이 윗옷을 부풀려 가슴으로 찬 공기를 집어넣으며 말했다. 얼굴 가득 땀이 송글송글 맺혀 있었다. 근육은 더 단단해진 것 같았다. 빛이 났다.

우리는 삼손 선생님이 좋았다. 첫눈에 반해 버리고 말았다. 남자아이들은 친형처럼 따랐다. 여자아이들은 말할 것도 없었다. 선생님이 나타나면 얼굴은 물론 목까지 빨갛게 달아올랐다.

그때부터 수련회에서 가장 인기 있는 시간은 체력단련이었다. 다들 체육 시간에 별표를 쳤다. 내내 그 시간만 기다렸다. 우리들 마음을 알고 일부러 그런 건지 아니면 정말 모르는 건지, 선생님은 우리를 매우 알차게 훈련시켰다.

첫 번째 운동은 기초체력을 다지기 위한 장거리 달리기였다. 아이들은 제각각이었다. 원래 빠른 몸을 타고 났거나 많이 뛰어다니는 아이들이 있었다. 반면 원래 느린 몸을 타고 났거나 거의 기어다니다시피 하는 아이들도 있었다. 바로 나처럼.

선생님이 빠른 아이와 느린 아이를 짝으로 묶었다. 그리고 함께 뛰게 했다.

"속도는 중요하지 않아. 단, 끝까지 뛰어서 반드시 같이 돌아와야 돼. 강해지기 위해 필요한 건 같이 가는 거야."

그랬다. 우리에겐 '함께'가 중요했다. 세상의 속도에 흔들리지 않고 버티며 하나님의 뜻을 알려면, 고통과 어려움을 같이 건디는 친구가 있어야 했다.

우린 아직 블레셋의 지배를 받고 있었다. 40년째였다. 사사, 삼손이 20년이나 이스라엘을 이끌고 블레셋 사람들과 싸웠다. 하지만 이방 여자인 데릴라와의 일로 하나님을 저버린 뒤 블레셋 사람에게 눈이 뽑혀 끌려가고, 옥중에서 맷돌을 갈고, 다시 머리가 자라고, 블레셋 사람과 함께 죽기를 바라며 신전의 기둥을 밀어 파괴시켰을 때……,

그의 시체를 고향에 묻으며 뜨거운 회한의 눈물을 흘린 일이 5년 전이었다.

그 후 삼손의 안타까운 죽음을 추모하는 '삼손 공동체'가 생겨났다. 수많은 청년들이 삼손과 같은 영적 능력과 육체적 힘을 가지기를 기도했다. 물론 성적인 유혹을 따르지 않겠다는 순결 서약도 했다. 하지만 여전히 블레셋 군사는 더 강해졌고 우리의 힘은 더 약해져만 갔다.

선생님도 삼손 공동체의 한 사람이었다고 한다. 그가 태어났을 때 사람들은 모두,

- 삼손이다, 삼손이 다시 태어났다.

외쳤다고 한다. 당연했다. 독실한 신앙을 가진 아버지와 어머니의 오랜 눈물의 기도로 태어났기 때문이었다. 그는 술을 마시지

않고 머리를 자르지 않으며 시체를 만지지 않기로 하나님께 맹세
했다. 삼손처럼 평생 나실인으로 살겠다, 맹세했다.

- 주님, 저를 삼손처럼 사용해 주세요.

그는 어린 시절부터 바다에 나가 기도했다고 한다. 거센 물살에
몸을 맡기고 누워 하늘을 바라보며 기도했다.

청년이 되었을 때 그는 삼손 공동체에 들어갔다.

삼손 공동체는 이스라엘의 군대인 동시에 하나님의 군대였다.
믿음 안에서 혹독한 훈련을 기꺼이 받아들였다. 체력 훈련은 물론
기도, 말씀, 찬양의 영성 훈련도 빠뜨리지 않았다. 삼손 사사의 잘
못을 되풀이하지 않기 위해 순결 서약을 했는데, 선생님은 평생 주
님의 신부로 살겠다는 '독신의 은사'를 구했다.

공동체 훈련은 새벽부터 시작되었다. 해안가에 모여 어둠이 빛
으로 바뀌어 갈 때부터 젖은 모래사장을 달렸다.

잠들었던 몸의 감각이 하나 둘 깨어났다. 머리가 맑아지고 어깨
와 팔, 등과 배, 다리와 발에 조금씩 힘이 생겼다. 뼈와 살, 숨과 피
가 새로 만들어지는 것 같았다.

마침내 심장이 뛰기 시작했을 때 선생님은 깊게 호흡했다고 한
다. 하늘의 맑은 공기를 폐 깊숙이 들이마셨다가 배가 등에 달라
붙는 느낌이 들 때까지 천천히 내뱉었다.

호흡은 가장 기본적이고 중요한 운동이었다. 힘을 주는 가장 근
원적인 연료였다. 몸과 마음, 영혼을 연결하는 중요한 역할을 하

고 있었다.

세상에 살면서 드는 여러 가지 생각들, 불안, 두려움, 의심, 걱정, 판단을 뱉어 내고 하나님으로부터 오는 은혜와 사랑, 믿음과 소망, 기쁨과 평화를 온전히 마음속으로 받아들였다. 그렇게 마음을 온유하게 만들고, 모든 것에 절제하며, 주님께 온전히 충성했다.

선생님은 오직 하나님께 집중했다. 주님의 음성을 듣기 위해 귀를 기울였다. 지금 이 시대, 이 땅에 주어지는 하나님의 목소리를 듣고자 했다.

하나님의 뜻을 알고 싶었다. 인간적인 생각이 섞이지 않는지 늘 자신의 마음을 점검했다. 그래야 진짜 회개할 수 있으며 깨끗한 영혼이 될 수 있으니까 말이다.

선생님도 훈련과 기도 중에 방향을 잃고 흔들릴 때가 많았다. 그래도 실망하지 않았다. 이 부분까지도 기도할 수 있어야 한다고 생각했다. 인간적인 마음으로는 아무것도 할 수 없다는 걸 알고 있기 때문이었다.

- 나는 진심으로 하나님께 중심을 두고 있는가.

훈련 중 순간순간, 그는 스스로에게 물었다. 확신이 들 때까지 마음을 살피고 기도했다.

안식일 전날엔 공동체 모두 함께 목욕을 했다. 몸을 깨끗하게 하고 영혼을 깨끗하게 했다. 세상의 먼지가 물에 씻겨나가듯 마음에 묻어 있는 나쁜 생각들, 논리들, 감정들, 감각들이 하나님의 은혜로 씻겨나가길 기도했다.

그는 자주 가슴이 뜨거워졌다. 알 수 없는 열기가 머리까지 이어지고 온몸에 불이 붙은 것처럼 타올랐다. 자주 눈물이 흘렀다. 주님의 사랑이 마음속에 가득 차오르는 것 같았다.

눈물은 곧 다른 사람들에게 전달되었다. 곳곳에서 흐느끼는 소리가 들렸다. 그들은 그렇게 한참 동안 은혜에 잠기곤 했다.

'호흡, 집중, 중심'

그는 이 흐름을 늘 마음에 기억했다. 몸과 신앙 훈련이 조화를 이루도록 노력했다. 은혜의 샘물이 마르지 않는 공동체가 되길 간절히 구했다.

*

어느덧 수련회의 마지막 밤이었다. 여름밤의 차가운 공기는 달고 상쾌했다. 사방에서 벌레가 날아들었다. 아이들이 점점 모닥불 주위로 모여들었다.

나는 하늘을 올려다보았다. 마치 사이좋은 자매처럼 별 하나와 반달 하나가 나란히 어둠을 밝혀 주고 있었다. 아름다웠다. 감사했다.

"별은 자신을 온전히 바라보는 사람에게만 빛을 준대."

내가 말했다.

"거, 책에 나오는 말 아냐?"

친구들이 놀려 댔다. 하지만 난 분명히 보았다. 내가 별 이야기를 할 때 삼손 선생님이 나를 바라보며 고개를 끄덕이던 것을.

'선생님 속눈썹이 이렇게 길었나?'

오호, 드디어 난 선생님에 대해 새로운 걸 알게 된 것이다. 밤이라서 정말 다행이었다. 발갛게 달아오른 내 얼굴을 아무도 보지 못해서 말이다.

아쉬웠다. 선생님과 마지막이라니. 섭섭하다 못해 슬펐다. 고통스럽기까지 했다. 어딘가로 숨어서 실컷 울고 싶었다. 오늘 밤은 잠들지 못할 것 같았다. 심장이 계속 두근거렸다.

'선생님이 오랫동안 우리와 같이 있음 좋겠어요. 성전 기도실에서 뵐 수 있음 좋겠어요. 그럼 매일 기도하러 달려갈 수 있을 거 같은데.'

마음속으로 수십 번 연습했던 그 말을 하고 싶었다. 친구들이 놀리든 말든 선생님이 깜짝 놀라든 말든 그렇게 확 말해 버려야 속이 시원할 것 같았다. 고개를 돌려 선생님을 바라보았다. 눈이 마주칠까 봐 걱정했는데, 다행이었다. 선생님은 눈을 감고 있었다. 기도하고 있었다.

'주님, 저를 삼손처럼 사용해 주세요.'

아마 그런 기도인 것 같았다.

'주님, 저도 삼손처럼 사용해 주세요.'

나도 그렇게 기도해야 했다. 하지만 난 선생님을 조금 더 바라보고 싶었다.

실은 기도만 하고 있는 선생님에게 섭섭했다. 오늘 같은 날엔 더구나 이런 분위기에선 우리에게 뭔가 메시지를 줘야 하는 거 아닌가? 생각했다. 2박 3일 수련회를 정리하며 각자의 감회를 얘기하게 한다든지 앞으로의 비전을 물어본다든지, 뭐 그런. 적어도 내가 마음을 고백할 수 있는 기회를 줘야 했다.

숙소로 돌아왔지만 역시나 잠이 오지 않았다.

*

아침 일찍부터 밖이 소란스러웠다. 장막을 걷고 짐을 꾸리고 돌아갈 준비를 해야 했다. 여학생들은 흩어진 기도책을 모으고 식사 그릇을 챙기고 식재료를 정리했다. 남학생들은 장막을 정리해 묶고 악기를 챙겼다. 각자 맡은 일에 부지런히 움직였다. 어두워지기 전에 도착하려면 서둘러야 했다.

어젯밤 잠을 설친 탓인지 내 몸은 물에 빠졌다 나온 듯 무거웠다. 친구들에 맞춰 열심히 움직이긴 했다. 하지만 금방이라도 앞으로 넘어질 듯 비틀거렸다. 모든 게 얼떨떨하기만 했다. 누군가 나를 세게 흔들어 깨워 주면 좋겠다는 생각뿐이었다.

그때 해안가에서 다급한 소리가 들려왔다.

"아이가 물에 빠졌어요. 떠내려가요."

정신이 번쩍 들었다. 어제 수련회를 온 다른 성전에서 아침 물놀이를 하던 중 사고가 난 거였다. 아이는 보이지 않았다. 벌써 물살에 휩쓸린 것 같았다. 아니, 이미 물속 깊이 가라앉은지도 몰랐다.

다른 아이들은 다 빠져나왔는데 가장 어린 아이에게 사고가 난 것이었다. 담당 선생님이 아이 이름을 부르며 물속으로 저벅저벅 걸어 들어가고, 다른 사람들은 발만 동동 구르고 있었다.

"어떻게 이런 일이."

머리가 하얘졌다.

'기도를 해야 하는데, 뭐라고 하지? 제발, 시간이 돌아갔으면, 아이가 빠지기 전으로 돌아갔으면'

세상에서 가장 무서운 침묵이 흐르고 있었다.

그때였다.

"삼손이다. 삼손 선생님이다."

친구들이 모두 바다를 가리키며 소리쳤다. 선생님이 몸이 축 늘어진 아이를 안고 있었다. 한 팔로 헤엄치며 우리 쪽으로 거슬러 오고 있었다.

나는 바다로 뛰어들었다. 친구들도 같이 뛰어들었다. 선생님한 테로 다가가 옆에서 같이 헤엄치며, 반대로 흐르는 물의 흐름에 저 항했다. 덕분에 선생님은 아이와 함께 좀 더 안정적으로 올라올 수 있었다.

도착하자마자 아이를 땅에 눕히고 호흡을 했다. 마신 물을 토하 게 하고 뺨을 때려 깨웠다. 팔과 다리를 주물렀다.

아이는 조금씩 정신을 차렸다. 순간적으로 파도에 휩쓸려 내려 간 걸 기억해 냈다. 모두들 안도의 한숨을 내쉬었다. 아이 담당 선 생님이 참고 참았던 눈물을 터뜨렸다.

*

그 후, 나는 선생님의 권유로 삼손 공동체를 마음에 품고 기도 하게 되었다. 수련회에 갔던 몇 친구들과 함께였다. 우리는 매일 아침 성전 기도실에 들러 간절히 기도했다. 하나님이 부르시는 소 리를 듣고 싶었다. 그분의 목소리, 그분의 마음에 귀를 기울이며 기도의 시간을 지켰다.

그렇게 한 달이 지났을 때였다. 집으로 돌아온 내게 어머니가 말했다.

"우리 딸은 하나님과 함께 살아가는 사람이 됐음 좋겠어."

"……."

나는 말없이 어머니의 품에 안겼다.

"자랑스러워."

어머니가 말했다.

가슴에서 뜨거운 눈물이 흘렀다.

……일주일이 지났다. 나는 가족들의 따뜻한 기도와 인사를 받으며 집을 떠났다.

선생님과 친구들과 함께 '삼손 공동체'로 향했다.

삼손이 여호와께 부르짖으며 말했다.

부디 저를 기억해주십시오. 이번 한 번만 제게 힘을 주십시오. 제 두 눈을 뺀 블레셋 사람들의 죄를 갚게 해 주십시오.

– 사사기 16:28

6. 나는 북이스라엘에 사는 소년

광야 목축 마을의 여름밤은 어떤 색깔도 없었다. 몇 개의 별빛 외엔 모든 게 캄캄했다. 아버지와 나는 북이스라엘을 탈출해서 남 유다로 가고 있었다.

엘리아가 가뭄을 멈춘 기적적인 사역 이후 아합 왕의 탄압은 더 심해졌다. 우리는 어디론가 끌려갈 수도 있었다. 언제 잡혀가 죽 음을 당할지 몰랐다. 탈출을 더 이상 미룰 수는 없었다.

그동안 믿는 사람을 탄압해 온 왕은 선지자는 물론, 신앙공동체 까지 사정없이 잡아들이겠다는 공문을 발표했다. 인심은 야박해 지고 사람들은 두려움에 몸을 사렸다.

"여호와는 나의 목자시니 내게 부족함이 없으리로다."

벌써 몇 백 번째 아버지는 같은 구절을 중얼거리고 있었다.

광야는 낮과 밤의 일교차가 매우 컸다. 아침에 짐을 꾸려 집을 나설 때 외에 우리는 계속 태양과 싸우며 걷고 있었다. 그늘을 발 견할 때마다 그곳에 들어가 잠깐 숨을 돌렸다.

비상 상황이었고 정신을 바짝 차려야 했다. 사막의 더위와 마주 해야만 했다. 아버지와 나는 윗옷을 벗었다. 걸음을 옮길 때마다 땀이 바닥에 후두둑 떨어졌다.

어둠 속에서 몇 달 전의 일이 생생히 떠올랐다.

내가 살고 있는 수도 사마리아는 3년째 가뭄이 이어지고 있었다. 곡식은 말라 갔고 과실나무도 열매를 맺지 못했다. 사람들은 굶주렸고 거리에는 시체가 놓여 갔다. 그런데도 왕은 우리 민족의 신앙을 말살하려는 일만 계획하고 있었다. 그가 믿는 '바알 신'으로 민족의 신앙을 바꾸려 했다.

어쩌면 가뭄은 악한 왕을 대적하기 위한 하나님의 뜻인지도 몰랐다. 우리가 진정한 신앙을 회복할 때, 하나님은 가뭄을 끝내실 것이다.

아버지가 이끌고 있는 '엘리야 공동체'는 이를 위해 40일 기도를 선포했다. 나도 공동체의 리더인 아버지를 따라 동굴에 숨어 기도했다. 생존에 필요한 최소한의 빵과 물을 먹으며 신앙을 지키려는 사람들과 함께였다. 목숨을 건 기도였다. 기도하다 죽으리라는 절박한 마음이었다. '여호와인가 바알인가'는 곧 '삶인가 죽음인가'의 문제였다.

동굴 안에 모아 놓은 물은 점점 줄어들고 있었다. 목이 마르고 입술이 바짝바짝 타 올랐다. 온몸이 말라 가는 것 같았다. 사람들은 점점 지쳐 갔다. 쓰러졌다가 일어나지 못하는 사람도 있었다. 항아리의 빵도 얼마 남지 않았다.

그런데 그때마다 우리는 정말 기적적으로 회복되었다. 기도의

촛불을 끄지 않겠다는 목표. 하나님과 연결되는 기도의 끈을 붙잡
겠다는 의지로 다시 마음을 모았다.

- 오늘, 엘리야가 왕 앞에 나와 설 거래요.

누군가의 말에 우리는 모두 눈을 크게 떴다. 엘리야는 이미, 사
르밧 과부의 아들을 살린 기적을 행한 적이 있었다. 그러니 엘리
야와 왕의 만남은 매우 영적인 일이었다. 하나님이 이 땅에 무언
가를 보여 주시려는 것이었다.

마침내 40일 기도를 마친 뒤였다. 드디어 엘리야가 왕과 마주하
는 결단의 날이 왔다. 나는 갈멜산 왼쪽에 서 있었다. 아침이지만
해는 이미 뜨겁게 내리쬐고 있었다. 목이 말랐다. 물 한 모금을 간
절히 마시고 싶었다. 옆에 서 있는 아버지와 공동체 사람들도 그
러했을 것이다.

산 오른쪽에는 바알 예언자와 아세라 예언자 수백 명이 서 있었
다. 왕의 편인 그들은 거들먹거리며 우리를 비웃었다.

드디어 엘리야가 나타났다. 그는 말했다.

- 여호와가 하나님이면 여호와를 따르시오. 그러나 바알이 하
나님이면 바알을 따르시오.

사방이 조용했다.

이어 엘리야가 말했다.

- 소 두 마리를 가져오시오.

모두들 영문을 몰라 당황했지만 곧 그의 지시를 따랐다. 엘리야

의 명령대로 우리 공동체는 소를 고르고, 각(脚)을 뜨고, 그걸 나무 가지 위에 올렸다. 불은 붙이지 않았다.

바알 예언자들도 소를 고르고, 각을 뜨고, 그걸 나뭇가지 위에 올렸다. 불은 붙이지 않았다.

엘리야는 하나님과 바알 중 누구의 불이 나무에 떨어지는가를 지켜보라고 말했다.

바알 예언자들은 아침부터 정오까지 3시간 가까이 바알의 이름을 불러댔다. 자기들이 만든 제단 주위를 돌며 뛰었다. 피가 흐를 때까지 칼과 창으로 제 몸을 찔러 상하게 했다.

마치 혼이 나간 짐승들 같았다. 오래 굶주려 정신을 잃은 늑대 같았다. 그들은 이어 서로의 몸을 잔인하게 찔러 댔다. 짐승의 암컷과 수컷이 성적인 관계를 맺을 때 나는, 간사하고 역한 소리를 질러 댔다. 고통소리에 환호했고 악을 썼다.

나는 눈을 질끈 감았다. 악마를 마주한다면 바로 그들이리라 생각했다. 피, 고통, 분노는 죽음으로 이어졌다. 하나둘씩 사람들이 쓰러졌다. 미친 행동은 빛이 서서히 사라지고 어둠이 몰려오는 저녁까지 계속되었다. 자기들이 원하는 것을 바알에게서 얻어 내려는 마지막 몸부림. 그것이 그들의 제사였다.

그들의 몸에서 흐르는 피가 땅에 서서히 스며들었다. 사방에서 뱀이 모여들어 그 피를 핥았다. 붉은 피로 물든 땅, 지옥이었다. 하지만 그뿐이었다. 하늘에서 불은 떨어지지 않았다. 아무 일도 일어나지 않았다.

이어 엘리야가 두 번째로 말했다.

- 돌 12개를 가져오시오.

엘리야는 돌을 쌓아 제단을 만들고, 그 주위에 기름 한 병 정도를 담을 만한 구덩이를 파라 말했다. 우리는 먼저, 4개의 항아리를 가져왔다. 항아리에 물을 가득 채우고 번제물 위에 부었다. 한 번 더 그렇게 했다. 다시 한 번 더 부었다. 3번을 붓자 물이 제단 위로 흐르고 구덩이에도 가득 찼다.

엘리야가 마지막으로 말했다.

- 여호와여, 응답하소서. 주는 하나님이며 모두의 마음을 돌이키는 분임을 이 백성들이 알게 하소서.

그때였다.

하늘이 움직였다. 땅이 갈라지듯 흔들렸다. 이윽고 하늘에서 시뻘건 불이 떨어졌다. 불은 번제물과 나뭇가지, 흙과 돌을 태우고 구덩이에 고인 물까지 순식간에 말려 버렸다. 사람들의 가슴에 그 뜨거운 불이 옮겨지는 듯했다. 사방에서 사람들이 소리쳤다.

- 여호와가 하나님이시다. 여호와가 하나님이시다.

아버지도 나도 함께 소리쳤다. 울며 부둥켜안았다. 우리 기도를 하나님은 듣고 계신 거였다. 목이 말라 차마 소리도 내지 못했던 동굴의 기도를……

하나님은 오늘을 준비하고 있었던 게 분명했다. 이 뜨겁고 아름다운 불을 보여 주려 하셨던 것이다. 그랬다. 하나님은 그런 분이었다. 모든 죄를 태우는 분이었다.

불이 내는 빛과 열, 제단 쪽으로 조금만 가까이 가도 몸이 타 버릴 듯한 뜨거움이 내가 있는 곳까지 고스란히 전해졌다. 불은 저녁 어둠을 밝히고 나의 마음을 비춰 주었다. 강하지 못한 것에 대한 서글픔, 목마름에 대한 갈증, 조급해진 마음, 지쳐 버린 열정, 하나님에 대한 의심으로 어두웠던 마음을.

우리 공동체는 엘리야의 명령에 따라 바알 예언자들을 붙잡았다. 수백 명이나 되는 그들은 한 명도 남김없이 우리에게 잡혔다. 골짜기에서 떨어져 죽임을 당했다.

그날부터 비가 내렸다. 3년간의 지독한 가뭄이 마침내 끝난 것이다.

*

광야의 짙은 어둠 속에서 나는 마침내 장막 하나를 발견했다. 검은색의 염소 털로 만든 장막. 이 지역에서 가장 단단하게 쳐진 장막이었다. 분명 도움을 받을 수 있을 것 같았다.

장막 앞에서 아버지는 안도의 한숨을 내쉬며 주저앉았다. 그동안의 긴장이 풀린 모양이었다.

'아버진 아내를 잃은 마음을 달래며 얼마나 가슴을 졸였을까'

마음 깊은 속에서 눈물이 왈칵 솟았다.

장막과 관련된 일은 엄마의 일이었다. 아버지와 내가 양떼와 염소 떼를 끌고 목축을 나간 뒤, 목초지를 따라 수시로 장막을 걷고 치는 일도 엄마 몫이었다. 그래서일까. 작년 여름, 장막을 고치다 쓰러진 엄마는 다시 눈을 뜨지 못했다.

- 엄만 강한 분이다. 다시 일어날 거다.

나는 수천, 수만 번을 되뇌었다.

아버지는 탈출을 미루고 있었다. 엄마가 깨어나길 기다리는 것이다. 우린 함께 가기로 했었다.

하지만, 일주일이 지나도 엄마는 눈을 뜨지 못했다. 몇 차례의 통곡 이후 아버지는 마음을 가다듬었다. 새벽 기도를 마치고 돌아오던 날 아버지가 말했다.

- 마음을 단단히 먹자.

아버지 말이 맞았다. 바알 추종자들은 하늘에서 불이 떨어지는 걸 보고도 마음을 돌이키지 않았다. 이 땅이 어떤 땅인데, 이 하늘이 어떤 하늘인데, 이 광야가 어떻게 밝힌 곳인데, 다윗이 기도로 세우고 솔로몬이 지혜로 굳힌 곳. 피와 땀으로 어떻게 지켜 온 신앙인데……

아버지는 어느 날 새벽, 가슴이 답답하다며 잠자리에서 벌떡 일어났다. 밖으로 나가 모래 먼지가 날리는 광야를 정신없이 걸었다.

– 하나님 저들의 죄를 두고 보지 마십시오. 주님의 뜻을 거스른 자들을 땅이 삼키었듯, 이 땅에서 나고 자란 열매의 독에 삼켜지게 하소서.

아버지는 목이 쉬도록 부르짖었다. 계속해서 기도했다. 그렇게 새벽이면 광야에 나가 땀과 눈물에 젖어 기도하던 어느 날, 아버지가 말했다.

– 남 유다로 가자. 왕이 하나님 믿는 사람들을 찾아내 가족들까지 죽인다는구나.

같이 기도하던 아버지 친구들 몇이 사라졌다는 소문이 돌았다. 아무도 모르게 사람들이 없어진다고 했다.

아버지는 잠시 숨을 골랐다. 한동안 아무 말도 하지 않았다. 아버지도 두려워하고 있었다. 탄압 때문에 신앙이 무뎌질까 봐 약해질까 봐 두려워하고 있었다.

내가 말했다.

– 남 유다로 탈출해요. 신앙을 지켜요.

*

"샬롬"

아버지와 나는 장막의 문을 조심스럽게 두드렸다. 자정 가까운 밤에 탈출민의 방문을 반겨 줄 리 없었다. 그동안 많은 장막 가까이 갔다. 그리고 수없이 거절당했다. 우리의 행색을 훑어보다가 외면하거나, 아예 인기척을 내지 않는 곳도 있었다.

제발, 하며 마음을 졸이고 있을 때였다. 얼굴에 주름이 가득한 할머니 한 분이 나왔다. 우리의 사연을 듣고 고개를 끄덕이던 할머니는 우리를 받아 주었다.

장막 안은 정갈하게 정돈되어 있었다. 문 앞에는 양떼를 인도할 때 쓰는 막대기와 지팡이가 세워져 있었다. 올리브 나무로 만든 것이었다. 할머니가 맹수에 맞서 양떼를 보호하고 인도하는 걸 상상하니 순간, 웃음이 나왔다.

할머니가 말했다.

"늙은이라서 늑대나 호랑이는 상대 못할 거다 비웃는 거유? 거 사람을 어케 보고. 스무 살부터 난 동네 최고였어. 힘이면 힘. 기술이면 기술!"

아버지와 나는 미소를 지었다.

밤이 깊어지고 있었다. 할머니는 장막 안쪽에 세워져 있는 촛대를 가져왔다. 올리브기름을 넣고 불을 붙였다.

할머니가 말했다.

"가족을 잃은 아픔이 가장 힘들 땐, 바람이 젤 강하게 부는 오늘 같은 여름 밤이라우."

사람의 온기, 사람의 냄새가 할머니는 소름이 돋을 만큼 그리웠다고 한다. 그래서 그런 날이면 무조건 광야에 나가 걸었다고 한다. 1년 밤을 꼬박, 무작정 말이다.

도적들에게 잡혀가거나, 짐승에게 먹혀도 할 수 없다 생각했다. 그렇게 자신을 놓아 버렸다. 그런데 돌아와 몸이 많이 힘든데도 잠이 오질 않았다. 잠이 오지 않는 밤을 3년이나 더 보낸 뒤에야 할머니는 '모세의 십계명'을 생각해 냈다. 그걸 제일 부드러운 양가죽에 써서 천장에 붙여놓았다. 그리고 밤마다 누워 읽기 시작했다.

'안식일을 기억하며 거룩하게 지키라. 이는 내가 하늘과 땅과 바다와 그 안의 모든 것을 만들고 7일째에 쉬었음이라.'를 읽을 때쯤에 할머니는 가슴이 뜨거워졌다고 한다. 마치 하나님이 할머니 귀에 대고 말하는 것 같았단다. 그렇게 잠이 들고 깊은 잠 속에서 죽은 남편도 아이들도 만났다고 한다.

할머니에게 남편과 아이들이 소중하듯, 하나님에게 할머니도 소중한 딸이란 걸 깨달은 것이다.

"하나님이 이 땅에 나 혼자 남겨 두신 이유 예배였다우. 이 북이스라엘에 예배가 멈추면 안 되니까."

할머니의 주름진 얼굴에서 눈물이 떨어지고 있었다.

……그렇게 3일간 우리는 할머니 장막에 머물렀다.

우리는 밤마다 금식하며 기도했다. 우리 민족을 바알 추종자에게서 구원한 것처럼 영적 탄압에서 구해 달라고, 끝까지 신앙을 지키며 살 수 있게 해 달라고 부르짖었다. 오직 하나님만을 바라보리라, 그 어떤 박해에도 신앙을 잃지 않으리라 다짐했다.

마지막 날이었다. 나에게 한 가지 선택의 문제가 생겼다. 아버지와 나는 분명 핍박을 피해 남 유다로 가는 중이었다.

'하지만 남 유다로 가는 것만이 하나님의 뜻일까.'

고작 17세인 내겐 판단할 수 있는 지혜가 없었다. 그동안 난 어른들의 눈치, 세상의 눈치를 보며 눈앞에 보이는 길만을 걸어왔기 때문이었다.

그때 문득, 어린 시절 만났던 성전지기 할아버지가 생각났다. 글자를 몰라 말씀을 읽을 수도, 찬양을 따라 부를 수도, 기도하는 법도 몰랐던 5살 때였다. 아빠, 엄마 모두 일을 나가면 혼자 집을 지키고 있을 때였다.

하루를 온전히 견딘다는 건 무료한 일이었다. 힘들고 답답하다 못해 이유 없이 짜증이 나곤 했다.

- 같이 놀까?

성전지기 할아버지가 말했다. 성전 안을 청소하고, 무너진 곳을 고치느라 맘도 몸도 바빴을 텐데 말이다. 할아버진 나를 꼭 안아 주었다. 언제든지 놀러 오렴, 나도 네가 좋단다, 말해 주었다.

그 후로 나는 매일 성전에 놀러갔다. 할아버진 언제나 처음 만난 것처럼 반갑게 나를 맞아 주었다. 내게 할아버지가 있다는 것이 얼마나 든든한지 몰랐다. 만약 할아버지가 없었다면, 그가 나를 조금이라도 귀찮아했다면, 아마 견디지 못했을 것이다. 무언가로 가슴이 콕 콕 찔리던 어린 시절의 외로움을 이겨 내지 못했을 것이다.

마침내, 나는 결심했다. 장막에 남겠다고, 고향 북이스라엘에 남겠다고, 이곳에서 예배를 이어 가겠다고.

이윽고 나는 짐을 풀었다. 아버지에게 말했다.

"마지막까지, 할머니와 함께 북이스라엘을 위해 기도할게요. 농사도 지을 거예요. 양도 칠 거예요. 포도 열매도 따고, 옷도 지어 사람들에게 나눠 줄 거예요. 어른이 될 때까지 예배할 거예요. 주님은 아직 북이스라엘을 버리지 않았어요."

아버지는 한참동안 생각에 잠겼다. 잠시 밖에 나갔다 왔다. 그리고는 내 손을 따뜻하게 잡아 주었다. 아버지는 나를 이곳에 두고 혼자 남 유다로 가는 것이, 마음이 너무 힘들다고 말했다. 엄마도 잃었는데 나마저 잃을까 봐 겁이 난다고…….

하지만 우리는 담대해야 했다. 아버지에겐 아버지의 사역이 있었다. 만약 이곳에 있다가 아버지까지 잡혀간다면 '엘리야 공동체'는 완전히 사라지게 될 것이다. 엘리야가 북이스라엘에서 일으킨 부흥을 누군가는 남 유다에 반드시 알려야 한다. 북이스라엘에 아직 예배하는 자들이 있다는 것을 전해야 한다. 그렇게 남북이 하나 되어야 한다.

나는 아버지의 사역을 너무나 잘 알고 있었다.

"하나님이 돌봐 주실 거예요. 남북이 하나 되는 날이 올 거예요. 오래 걸리지 않을 거예요. 아버지는 남 유다에서 저와 할머닌 이곳에서 예배해요."

아버지가 나를 말없이 안아 주었다. 이윽고 아버지의 어깨가 통곡으로 들썩였다. 하지만 나는 이곳에 남아야 했고, 아버지는 남 유다로 가야 했다.

오늘이 아버지와의 마지막이라도 괜찮았다. 아버지를 잊지 않을 자신이 있었다. 아버지가 가르쳐 준 찬양, 아버지의 기도, 아버지의 하나님을 잊지 않을 것이기에 말이다.

할머니는 멋진 저녁을 준비해 주었다. 여름이 우리에게 선물로 주는 풍성한 열매들, 포도, 석류, 무화과가 작은 상에 가득 놓여 있었다.

특히 무화과는 하나같이 살이 탱탱했다. 하나도 무른 것이 없었다. 싱싱하고 달았다. 할머니가 얼마나 정성스럽게 가꾸었는지 알 수 있었다.

할머니는 아버지에게 기쁨과 축복의 상징인 올리브기름을 따라 주었다.

"여름부터 올리브 나무에 기름이 차기 시작한다우. 열매가 충분히 무르익을 때까지 오래 기다려 기름을 짜 놓지. 이건 작년 여름 거라우."

그렇게 우리는 맛있는 저녁을 배불리 먹었다.

*

다음 날 아침에 일어났을 때 아버지의 자리는 비어 있었다. 눈물이 왈칵 솟았다. 어젯밤 내내 아버지를 꼭 끌어안고 잤는데, 언제 떠나신 걸까. 나를 깨우지도 않은 아버지가 섭섭해서 견딜 수가 없었다. 하지만 나라면, 내가 아버지였다면…….

아버지가 맞았다. 내가 평안히 잠들어 있는 모습을 보고 싶으셨을 것이다.

나는 장막 밖으로 나왔다. 햇살의 기운이 서서히 하늘 중앙으로 올라가고 있었다. 따뜻했다. 나는 잠시 그대로 있었다. 조금씩 마음이 뜨거워지는 걸 느꼈을 때, 조용히 눈을 감았다.

하늘에 계신 우리 아버지
저를 낳아 주신 아버지를 지켜 주세요.
사나운 짐승으로부터, 강한 바람으로부터.
아버지가 그리울 때마다 기도의 끈을 꼭 잡을게요.
결코, 기도를 쉬지 않을게요.

이 모든 말씀 북이스라엘과 남 유다, 그리고 세상의 모든 곳에
계시는 예수님 이름으로 기도합니다.
아멘.

내가 바알에게 무릎 꿇지 않고, 입을 맞추지 않은 사람들 7천명
을 이스라엘에 남겨두었다.
- 열왕기상 19:18

7. 나는 북이스라엘에서 온 소녀

12월, 어둠 속에서 개 한 마리가 나의 눈빛을 쏘아보고 있었다. 야생이었다. 성전 안과 밖에서, 그리고 음산하고 눅눅한 곳에 덮여 있는 쓰레기 더미에 사는 동물. 죽은 시체의 고기를 먹는 개였다. 그런데 개의 눈빛은 하나의 '빛'처럼 느껴졌다. 아무것도 분별할 수 없는 어둠. 그나마 나의 존재를 비춰 주는 것은 그 눈에서 내쏘는 빛뿐이었다.

개는 꼬리를 흔들며 한 걸음씩 내가 있는 쪽으로 다가왔다. 하루 종일 굶은 것인지 눈가는 촉촉이 젖어 있었다. 이 밤까지 먹을 것을 찾아 헤매었을 것을 생각하니 마음이 아팠다. 하지만 굶주린 건 나도 마찬가지였다. 겉옷 주머니 어디에도 먹을 만한 것은 없었다.

갑자기 강한 바람이 불어왔다. 옷을 여미고 두 팔로 어깨를 감쌌다. 여전히 바람이 강하게 느껴졌다. 추위를 막을 방법이 없었다. 절망스러웠다.

개에게 다가갔다. 어린 아기를 끌어안듯 개를 안았다. 냄새가 나쁘지 않았다. 한동안 나는 개의 털에 얼굴을 묻고 있었다. 온기

71

가 느껴졌다. 살 것 같았다. 마침내 숨이 쉬어졌다.

오늘 밤은 이렇게 보내야겠다, 생각했다. 황량하고 쌀쌀맞은 세상에서 의지할 수 있는 무언가가 있다는 데에 안도의 숨이 내쉬어졌다. 너무 오랫동안 혼자였다. 태어나서부터 오늘, 북이스라엘을 탈출해 남 유다로 향하는 순간까지, 단 하루도 심장이 곤두박질치지 않은 날이 없었다.

북이스라엘은 앗시리아에 포위되어 있었다. 수도 사마리아는 함락된 지 오래였다. 거리 곳곳에 군사들이 서 있었다.

- 남 유다의 수도, 예루살렘으로 가자, 그것만이 길이야.

사람들이 속삭였다. 이곳을 탈출하는 것만이 답이었다. 예루살렘으로 가는 것만이 살 길이었다.

- 드보라, 지금 같이 움직이는 건 너무 위험해. 다 같이 죽을지도 몰라. 엄마가 먼저 가 있을게.

작년 12월이었다. 엄마와 헤어진 건. 엄마의 떨리는 목소리가 이렇게 귀에 쟁쟁한데 벌써 1년이나 지났다니. 1년이나 혼자였다니……. 봄, 여름, 가을, 겨울이 어떻게 오고 가는지도 몰랐다. 그날 이후로 나는 멈춰 있었다. 월경도 멈추고 심장도 멈췄다.

17살 소녀 혼자 거리를 헤매며 피곤하면 아무 데서나 누워 잠을 잤다. 아침 햇빛에 눈이 부시면 일어나 걷고 또 걸었다. 이 길이 예루살렘으로 가는 길이라 굳게 믿었다. 지금 당장이라도 엄마를 만날 수 있다고, 엄마를 만나자마자 품에 안겨 쓰러질 거라고, 그러면 된다고, 야생 개와 다를 바 없는 나를 다독였다.

깊은 밤, 바위산이나 숲속에서 나는 곧잘 탈출자들과 마주쳤다. 한눈에 그들의 처지를 알 수 있었다. 가족 또는 부부, 친구. 겉모습은 달랐지만 모두 예루살렘으로 향하고 있었다. 목표는 같았다. 같은 방향으로 움직이고 있었다. 서로 안부를 묻거나 먹을 것을 나누었다. 예루살렘에 대한 정보를 전해 듣기도 했다.

며칠 함께 지내기도 하고 이렇다 할 약속 없이 헤어지기도 했다. 잠깐이었지만, 우리는 함께 걷고 있다는 사실만으로도 큰 위로를 받았다. 그들은 나의 어머니이고 아버지였다. 오빠이고 언니이고 동생이었다. 선생님이고 친구였다.

어느덧 해안 근처에 다다랐다. 파도가 내 키보다 두 배는 높이 솟아 있었다. 겉옷을 벗었다. 바다를 통하면 곧장 남 유다로 갈 수 있었다. 고향 강에서 헤엄치며 노는 걸 가장 좋아하던 나였다. 물은 조금도 무섭지 않았다.

하지만 바다는 달랐다. 내가 기억하는 물이 아니었다. 얼음처럼 차고 거칠었다. 높은 바위에 서 있는 내 앞까지 파도가 밀려왔다. 종아리를 세게 때리고 지나갔다. 칼에 베인 듯 아팠다. 발은 이미 빨갛게 부어 있었다. 바다의 소금 냄새가 코 속으로 훅, 들어왔다. 짜고 비렸다. 바다를 마주하고 있는 것만으로도 그 속으로 빨려들어 갈 것만 같았다. 두려웠다.

지난 1년 동안 많은 일을 겪었지만 이런 두려움은 처음이었다.

죽음에 직면한다는 게 이런 것일까. 언제든지 죽을 수 있다고, 언제 죽어도 두렵지 않다고 생각했었다.

- 드보라! 혼자 나섰다간 노예로 팔려 갈지도 몰라.

- 그러지 뭐, 노예하면 굶진 않잖아.

- 대장부 나섰네. 군대를 그냥 들이받아 버려.

- 들어와, 들어와.

친구들에게 큰소리치고 다니던 나였다. 그런 내가 바다 앞에서 이렇게 떨고 있다니. 바다에 빠져 허우적거리기라도 했다면 모를까. 뛰어들기도 전에, 오만가지 생각으로 머리가 터질듯 아파오다니.

그때였다. 사람 두어 명의 발자국 소리가 들려왔다. 건장한 사내인 듯했다. 크고 작은 돌을 차며 내가 있는 쪽을 향해 다가오고 있었다. 누구의 도움도 청할 수 없는 캄캄한 밤이었다.

그들의 표정이 점점 또렷하게 보였다. 암석처럼 단단하게 굳은 얼굴, 입가에 스치는 기분 나쁜 미소, 이미 악마에게 팔린 듯 초점 잃은 눈동자. 나는 직감했다. 굶주린 짐승. 여러 해 동안 채워지지 않은 허기. 그들은 욕망 앞에서 본능적으로 움직이기 시작할 것이다.

어느새 그들의 발걸음이 빨라졌다. 나는 바다를 뒤로하고 바위 쪽으로 달렸다. 있는 힘껏 뛰었다. 시간이 지날수록 다리가 점점 풀려 갔다.

- 왜 뛰질 않아?

달리기를 지독히 싫어하던 나였다. 아무리 일이 급해도 뛰지 않는다, 잔소리를 듣곤 했다. 숨이 차는 느낌이 싫었다. 가슴이 아픈 게 싫었다. 목구멍이 따끔거리고 마른기침이 터져 나오는 게 싫었다.

그래서 자주 멈추었었다. 손바닥으로 가슴을 누르며 쓰러졌었다. 지금도 그렇게 쓰러진 나를 사내 둘이 덮쳤다. 아까 바다에 뛰어들 생각으로 겉옷을 벗었다. 나는 속옷 바람이었다.

사방에 돌이 깔려 있었다. 소리라도 질렀다간, 사내가 우악스러운 손으로 돌을 집어 머리를 칠 것 같았다.

……천천히 시간이 멈추고 분주하게 움직이던 세상이 정지된 느낌. 어둠 속에서 별도 달도 쳐다볼 수 없었다. 영원히 눈을 감아 버리고 싶었다.

- 이런 일을 당할 만큼 약하지 않아.

있는 힘을 다해 내 안의 나에게 소리 질렀다. 하지만 실은, 무력감에 휩싸여 아무 말도 하지 못하고 있었다.

- 더 저항하려고 애쓰느니 그냥 죽어 버릴래.

포기하고 있었다.

아랫배가 묵직해지고 다리 감각이 사라졌다. 나의 가장 순하고 약한 살결이 날카롭고 뾰족한 창에 찔리는 듯했다. 고통은 보이지 않기에 더 크게 느껴졌다. 사내 중 한 명이 가지고 있던 물통을 내게 던졌다. 나는 독이 들었을지도 모를 그 물을 어떤 굴욕감도 없이 벌컥벌컥 들이켰다.

잠이 쏟아져 내렸다. 상처는 시간이 지나면 아물 것이다. 고작 몇 방울 피를 흘린 게 다였으니까.

하지만 마음도 그렇게 쉽게 아물 수 있을까. 아닐 것이다. 다리 살갗이 깊게 찢어져 있었다. 금방 치료될 것 같지 않았다. 동정(童貞)을 빼앗긴 슬픔, 절망, 끔찍한 기억은 지워질 것 같지 않았다.

가슴 주위가 뻐근했다. 갈비뼈가 몇 대 부러진 것 같았다. 한 사내가 두 팔로 나를 짓누르던 게 생각났다. 내가 저항할 수 없는 힘, 내가 나를 포기하게 하는 어떤 힘, 그런 힘을 가진 사람이 세상에 있었다. 마음만 먹으면, 정신만 차리면 이길 수 있다고, 내 뜻대로 살아갈 수 있다고, 그동안 난 대체 어디서 근거도 없는 자신감, 애당초 있지도 않았던 믿음을 가지고 있었던 걸까.

수많은 사람이 다치고, 수없이 많은 사람들이 굶고, 맞고, 피 흘리고, 고통스러워하고, 울부짖다 쓰러지고, 죽음의 바다에 뛰어들고, 사막을 미친 듯이 헤매고, 숲속에서 길을 잃고, 짐승의 먹잇감이 되고, 노예가 되고, 갇히고, 감시당하고, 가장 소중한 가족을 빼앗겼다. 그걸 수도 없이 많이 보아 왔다.

그런데도 난 아닐 거야, 괜찮을 거야, 내 삶엔 다가오지 않는 일일 거야, 안심했었다. 도망치면 돼, 달아날 수 있어, 난 강해, 자신했었다. 싸울 거야, 온몸으로 저항할 거야, 다 죽여 버릴 거야, 큰소리쳤었다.

그런데 오늘에야 알게 된 것이다. 결과를 알아도 미리 막을 수 없는 일이 있다는 걸, 아무리 강해도 무력해지는 순간이 있다는 걸, 내가 나를 지켜 낼 수 없는 일이 세상엔 수도 없이 많다는 걸, 죽어도 인정하기 싫지만 그게 사실이라는 걸⋯⋯.

그 자리에 꼼짝도 하지 않고 누워 두 번 해가 뜨고 지는 낮과, 두 번 달이 뜨고 지는 밤을 보냈다. 세상이 다르게 보였다. 다리를 저는 소년들, 아빠 없는 아기를 낳은 소녀들, 그들의 눈물이 내 안에서도 흐르고 있었다.

절뚝거리며 무거운 몸으로 하루하루 세상을 살아가는 그들의 지독한 생이 이젠 남의 일이 아닌 것이다. 생각만으로 상상만으로 두려워했던 삶이 결국 내게도 찾아온 것이다.

끝없이 눈물을 쏟으며 이틀 밤을 보낸 뒤 다행히도 나는 걸을 수 있었다. 배가 고팠다. 뭐라도 먹을 수 있다면 소원이 없을 것 같았다. 배가 고프다는 생생한 감각. ⋯⋯살아 있었다.

해가 가리키는 방향을 따라 다시 걸었다. 그림자를 등지고 서서 해의 뜨거운 기운에 몸을 맡겼다. 눈이 부시다 못해 아팠다. 하지만 눈을 감지 않았다.

- 나도 무언가를 겪어 냈어. 두려워하지 않을 거야. 누구의 눈길도 피하지 않을 거야. 정면으로 마주 보고 똑바로 걸을 거야.

생각했다.

어디선가 바람이 강하게 불어왔다. 목이 날아갈 듯 휘청거렸다. 잠시 제자리에 앉아 숨을 골랐다. 눕고 싶었지만 그러지 않았다. 허리를 꼿꼿이 펴고 앉아 있었다.

- 드보라, 우리 공주님은 민족을 품고 기도하는 사람이 될 거야.

헤어지기 전날 엄마가 귀에 대고 속삭이던 말이었다.

'장난해? 민족을 왜 품어? 안 그럴 거야. 혼자 잘 먹고 잘 살 거야. 있는 나라도 팔아먹어 지옥에 갈지도 몰라, 나.'

누구라도 옆에 있다면 한 대 갈겨 주고 싶었다. 이단 옆차기라도 날려서 밟아 버리고 싶었다. 외로움과 절망은 어느새 분노가 되어 있었다. 이 '화'를 가슴에 품고 살아갈 생이 막막했다. 이젠 정말이지 희망이 없었다.

해는 마치 정조준이라도 하듯 내 정수리를 향해 내리쬐고 있었다. 두 배나 뚱뚱한 그림자를 만들어 내는 게 야속하게 느껴졌다. 발밑에 차이는 돌덩이들, 채일 때마다 뿌옇게 흩어지는 먼지를 친구 삼아 걷고 또 걸었다. 몇 번 주저앉았지만 털고 일어났다. 다시 걸었다.

다리에 감각이 없었다. 하지만 조금도 이상하지 않았다. 머릿속을 끊임없이 들끓고 있는 생각들은 의지적으로 차단하면 되는 거였다. 간단했다. 단순한 삶이란 별 거 아니다. 바닷물이 아무 의지 없이 밀려왔다 밀려가듯, 나도 출렁이면 되는 것이다. 그렇게 추스르면 되는 것이다.

마른 흙과 딱딱한 돌, 붉은 꽃과 짙은 초록색의 나뭇잎, 있는 힘을 다해 공중으로 줄기를 뻗어 올리는 나무와 그 무게를 무심히 견디고 있는 뿌리. 그 사이에 모여드는 벌레들. 그들처럼 그늘에서 무뎌지면 되는 것이다……

*

멀리서 사람들이 모여 있는 것이 보였다. 산에서는 보기 드문 일이었다. 사람이 무서웠다. 그리고 사람이 그리웠다. 나는 그들에게 다가갔다. 그들 옆에 아무 말 없이 가만히 섰다.

낯선 내가 다가왔다는 것을 모두가 알고 있었다. 잠깐씩 내 쪽을 바라보았다. 하지만 그들은 개의치 않았다. 이런 일들이 흔했나 보다.

그들은 나를 용납할 수 있는 사람들이었다. 눈을 맞추고 가벼운 목례를 하는 사람도 있었다. 탈출민 중 하나이겠거니 생각했나 보다.

"여기서 뭘 하세요?"

옆에 있는 사람에게 다가가 물었다.

"남에서 사람이 왔어요."

"여기 사람도 다 떠나는 마당에 왜."

내가 말했다.

"우릴 도와줄 선지자래요."

"……."

그 선지자에게서 나는 태어나서 한 번도 듣지 못한 어마어마한 이야기를 듣게 되었다. 그건 드보라 사사 때보다 훨씬 더 오래전의 일이었다.

모세 할아버지가 이집트에서 노예 생활을 하던 우리 민족을 지금 이 땅으로 데려올 때의 이야기였다. 하나님은 그때 '기적'을 일으키셨다. 어쩐지, 지금도 우릴 못 잡아먹어서 안달인 이집트 인간들이 어떤 인간들인데, 지금도 앗시리아에 숟가락 얹을 생각으로 머리 굴리는 인간들인데, 점잖게 따진다고 순순히 말귀를 알아먹을 리 없다, 생각했었다.

10가지 재앙도 그때뿐, 기어코 홍해를 건너기 직전까지 따라붙은 말종들. 홍해가 양쪽으로 갈라지고 축축하게 젖은 땅이 드러나는 광경을, 선지자는 가족 대대로 기억하며 살아왔다고 한다. 홍해를 건너다가 다리가 후들거려 바닥에 털썩 주저앉아 통곡을 하는 사람도 있었다 한다.

하지만 기적은 그뿐만이 아니었다. 이집트에서 나온 지 한 달이 지나자, 가지고 나온 음식은 완전히 바닥을 드러냈다. 배가 고프다, 고기가 먹고 싶다, 목이 마르다, 사사건건 불평하는 그들은 만나와 메추라기가 하늘에서 쏟아지고, 반석에서 샘물이 솟는 걸 보았다고 한다.

선지자는 자신이 이곳에 온 것도 아버지의 유언 때문이라고 했다. 하늘에서 솜사탕 같은 만나가 떨어지는 기적을 다음 세대 자녀들도 꼭 다시 보게 될 거라는 것, 그러니 그 믿음으로 하나님 일에 어떤 두려움도 가지지 말라는 유언이었다.

"저는 이걸 전하러 3일을 걸어왔어요. 여러분들이 남으로 안전하게 탈출할 수 있도록, 남에서 마음껏 하나님을 예배할 수 있도록 도울 거예요."

길 곳곳에 그와 같이 온 사람들이 있었다. 남에 도착하면 우리가 머물 수 있는 집이 있다고 했다. 그는 계속해서 말했다. 원래 이스라엘은 하나였다고, 잊지 말라고, 우리가 예배를 멈추지 않으면 다시 한 나라가 될 거라고.

그에게서 믿을 수 없는 말들이 흘러나왔다.

그러나 나는 그의 말을 모두 믿을 수 있었다. 가슴이 뜨거워지고 감당할 수 없는 눈물이 솟구쳤다. 나의 가슴은 그 어느 때보다 빠르게 뛰고 있었다. 그는 자기 가족들이 간직하고 있던 모세의 율법이 적힌 옷감을 보여 주었다. 그리고 남에서 가져 온 누룩 없는 빵을 우리에게 나눠 주었다.

그는 우리를 한 사람씩 품에 안고 기도했다. 다들 내 또래의 소년, 소녀들이었다. 우리는 그의 품에 안겨 소리 내어 울었다. 강간당하지 않은 소녀가 없었고, 노예로 팔려 갔다 탈출하지 않은 소년들이 없었다.

"주님은 내가 고통당하는 걸 보고만 있었어요. 도와 달라고 수없이 기도했는데 막아 주지 않았어요. 얼마나 간절하게 매달렸는데."

그가 기도하기 위해 내 앞에 왔을 때, 나는 손을 뿌리치며 말했다. 가슴 속에서 핏덩어리 같은 것이 올라왔다.

"드보라 자매라고 했죠? 당신은 용감한 사람이에요. 감당할 수 있어요."

그가 말했다.

"아니오."

나는 울먹였다.

그는 나를 안고 기도하기 시작했다.

"주님, 기다리게 해 주세요. 견디게 해 주세요."

그곳에 있던 모든 소녀와 소년들이 다가왔다. 나를 위해 기도해 주었다. 오랫동안 내 고통을 주님께 부르짖어 주었다.

*

10일 뒤, 나는 많은 사람들의 도움으로 남 유다에 도착했다. 엄마와도 연락이 닿았다. 드디어 엄마와 같이 살게 되었다고 생각했다. 희망에 부풀었다.

높은 하늘, 열매가 잘 맺히는 땅, 따뜻한 공기, 찬바람이 불지 않는 날씨, 여유로워 보이는 사람들, 그들의 희고 아름다운 얼굴. 이곳에서 엄마와 함께 살고 싶었다. 나는 아직 어른이 아니었다. 배우고 싶은 것도, 세상과 주님에 대한 호기심도 넘쳤다.

하지만 엄마는 혼자가 아니었다. 우리가 떨어져 있던 사이 새아빠를 만났고, 아이도 있었다. 나는 엄마와 함께 살 수 없으면 어쩌나 불안했다. 엄마와 다시 헤어져야 한다면, 그 마음을 감당할 수 있을까? 다시 마음을 추스를 수 있을까? 어떻게 다잡을 수 있을까? 고민했었다.

……그리고 아직 목적지를 결정하지 못한 채, 나는 엄마 집을 나와야 했다.

마음이 아팠다. 너무 아파서 견딜 수가 없었다. 엄마 마음은 알 수 없었다. 내가 엄마가 되어 보기 전까지는 알 수 없을 것이다. 감히 알 수 없는 어떤 마음일 것이다.

북에서 선지자가 말하던 공동체가 생각났다. 그 아이들 중 몇 명은 다시 만날 수도 있겠다는 생각이 들었다.

이곳에서는 종교개혁운동이 일어나고 있었다. 왕은 우상을 없앴다. 어떤 군사적인 위기에서도 하나님을 향한 믿음과 기도로 저항했다.

게다가 가난하고 억울한 사람이 없도록 공정한 재판을 하고 있었다. 내 고향 북이스라엘과도 동맹을 맺고 어려운 일이 있을 때마다 도움을 주고 있었다.

"하나님께 감사를 드리자. 그 사랑은 영원하다"

거리 곳곳에 찬양이 울려 퍼졌다.

하나님께 감사를, 감사를. 나도 모르게 찬양을 따라 불렀다.

생각해보면 내 삶에 얼마나 많이 감사한 일이 있었던가. 수많은 곡절에도 지금 내가 이 땅에 서 있다는 것. 그것이 기적 아니면 무엇인가.

폭우에 흠뻑 젖었던 옷이 밤사이 보송보송하게 마르고, 사막의 먼지를 한껏 뒤집어 쓴 몸이 강물에 뽀얗게 씻겨 내려갔다. 마디가 꺾인 줄기가 뿌리에서 올라온 진액으로 다시 붙고, 꽃이 모두 떨어진 나무에서 다음해 봄, 다시 꽃이 피는 것을 보았다.

종잡을 수 없이 내리는 비와 먹구름, 야속할 만큼 강하게 불어 닥치는 바람, 높은 습도, 예측할 수 없는 궂은 날씨에도 내 안엔 분명히 있었다. 한 해 한 해를 견디어 낼 힘이, 주님이 주신 힘이.

뿐만이 아니었다. 나는 북이스라엘의 사마리아와 남 유다의 예루살렘 두 곳에서, 봄마다 파릇파릇하게 돋아나는 새순을 보지 않았던가.

감당할 수 있었다. 기다릴 수 있었다. 나는, ……강한 사람이었다.

선지자를 통해 들어간 '엘리야 공동체'에서 많은 사람들을 만났다. 대부분, 북에서 탈출한 17, 18살 정도의 내 또래 친구들이었다.

하지만 7, 8살 아이들도 있었다. 아직 뺨에 젖살이 통통하게 있는 아이들을 본 순간, 숨이 쉬어지지 않았다. 그 아이들 앞에서 내 외로움 따위는 아무 것도 아니었다. 나는 아이들의 큰 언니, 큰 누나가 되어 주어야 했다.

다행히 우는 아이들이 없었다. 엄마를 찾는 아이도 없었다. 아이들은 내 또래 친구들보다 훨씬 강했다. 내가 알 수도 상상할 수도 없는 사랑으로 주님은 아이들을 보호하고 있었다. 선생님들은 모두 남쪽 분들이었다. 우리의 어려운 사정을 알고 때로는 부모님처럼, 때로는 이웃집 아줌마, 아저씨들처럼 사랑으로 품어 주었다. 따뜻하고 아름다운 분들이었다.

공동체의 아침은 기도로 시작되었다. 눈을 감고 손을 모으면 내 앞은 어둡다 못해 캄캄하게 느껴졌다. 나는 고향의 산과 시냇가를 떠올렸다. 그때서야 마음에 평화가 찾아왔다. 나는 기도했다.

하나님,

지금 제 마음은 두렵고 떨립니다.

새로운 곳에서 새로운 사람들과의 삶이라니요.

지금 우리 민족은 둘로 나뉘어 있어요. 남과 북의 많은 사람들이 고통스러워해요. 저의 눈물을 씻어 주셨듯 그들의 눈물을 씻어 주세요. 상처받은 사람들, 가족과 헤어진 사람들, 억울한 사람들의 마음을 만져 주세요.

다윗왕의 고백을 떠올립니다. 하나님만이 저의 요새, 저의 피난처, 저의 주님이시지요.

이제 저는 하나님의 딸이에요. 엄마의 사랑보다 더 큰 하나님의 사랑으로 저를 안아 주세요.

예배만을 기다릴게요. 민족이 함께 모여 통곡의 남북 예배를 드릴 날을 기다릴게요. 가뭄과 기근으로 고통스러워하는 북의 소년, 소녀들을 돌봐 주세요. 세상의 냉대와 쌀쌀함에 움츠러든 남의 소년, 소녀들을 지켜 주세요.

이곳에 사는 동안 어떤 고난에도 감사를 찾아낼 수 있는 지혜를 주세요. 선한 일에 가슴이 뛰고, 선한 소리에 귀 기울이고, 선한 입술에 입 맞추게 해 주세요.

하나님, 제 삶에서 17번째 맞는 겨울, 남에서 보내는 첫 겨울입니다. 지금 저는 아무것도 드릴 게 없어요. 하지만 언젠가는 저의 모든 것을 드릴게요.

제발 저를 받아 주세요……

여호와여, 응답해 주십시오.
주는 하나님이시며 주께서 그들의 마음을 돌이키게 하시는 분임을 이 백성들이 알게 해 주십시오.
- 열왕기상 18:37

8. 나는 다니엘의 기도 친구

활활 타오르는 불구덩이의 뜨거운 기운은 이미 내 몸을 휘어잡고 있었다. 그 열기가 너무 뜨거워 우리를 붙잡고 있는 군사들이 비명 소리를 질러 댔다. 그렇게 그들은 불에 타 죽어갔다. 우리는 꽁꽁 묶인 채 불구덩이 속에 던져지기 직전이었다.

불 앞에서 나는 번개를 맞은 듯 온몸이 떨려 왔다. 타닥, 타닥-. 불꽃 소리는 점점 거칠어지고 있었다.

화염에 뿌리째 뽑혀 나가는 나무들이 떠올랐다. 내가 뽑혀 나가는 것도 한순간일 것이다. 분명히 살아 있었는데, 발을 딛고 존재하고 있었는데, 생명이 끊어지는 순간, 그 순간이 이렇게 빨리 다가오다니.

다리에 힘이 풀렸다. 몸을 돌려 우리를 구경하러 온 사람들 쪽을 바라보았다. 멀리서 다니엘의 실루엣이 희미하게 보였다. 하늘에는 구름 한 점 없었다.

"이 금 신상에 절하지 않는 자는 불구덩이 속에 던져 넣으라."

왕이 다시 한 번 군대에 명령했다. 불구덩이를 7배나 더 뜨겁게 달구라고 소리쳤다.

하지만 우리는 결코 금 신상에 절할 수 없었다. 그동안 어떻게 견뎌 왔는데, 어떻게 예배드렸는데, 어떻게 어떻게……, 가슴이 찢어지는 고통을 참으며 기도해 왔는데, 그깟 금으로 만든 형체 덩어리, 조악한 조형물 덩어리에 절한단 말인가.

나는 다니엘과 함께 15세에 이곳 바벨론 포로로 끌려왔다. 선지자들의 통곡에도 불구하고 우리 남 유다 나라는 회개하지 않았다. 그렇게 하나님의 진노로 바벨론의 식민지가 되고 말았다.

사실 바벨론 왕이 예루살렘 성을 포위하기 전부터, 우리는 이미 무너져 있었다. 사람들의 마음은 오래전에 하나님을 떠나 있었다.

바벨론 왕은 젊은이들을 자기 나라로 데려갔다. 건강하고 지혜와 지식이 많은 청년들을 골랐다. 끌려간 청년 중의 하나였던 나는 바벨론의 말과 학문을 배웠다. 3년 동안 공부한 뒤 왕을 위해 일하게 되었다.

우리를 무력으로 빼앗은 나라에 잡혀와 포로로 산다는 것. 그 마음을 어떻게 표현할 수 있을까.

머리가 꺾이고 어깨가 꺾이고 손과 발이 차례로 꺾이는 게 이런 걸까. 비가 내리는 땅바닥에 앉아 속옷까지 축축하게 젖어 갈 때, 그럼에도 불구하고 일어나지 못하는 무력감이었다. 기가 막혀 하루 종일 수풀에 앉아 있기도 하고, 멍하게 허공을 바라보기도 하였다.

지배당하는 나라의 국민은 국민이 아니었다. 반드시 살아 있어야 하는 사람이 아니었다. 폭우에 휩쓸려 떠내려가도 아무도 구해 주지 않았다. 폭염에 고통스러워해도 아무도 아파해 주지 않았다.

겨우 15세였다. 올리브 나무에 새 잎사귀 하나만 돋아나도 가슴이 부풀어 오르는 나이, 비둘기 한 마리만 보아도 마음이 평화로워지는, 섬세한 감각을 가진 소년의 시간이었다. 어른이 될 것을 생각하면, 밤을 새워도 모자랄 만큼 많은 생각들이 떠올랐다. 세상에 못할 일이 없을 것 같았다.

- 왜 안 돼? 왜 믿지 못해?

자신감이 넘쳤었다. 온몸에 기운이 뻗쳤다. 새로운 생각, 새로운 꿈이 수백, 수천 가지 돌아다녔었다. 하지만 이젠 아니다. 식민지의 포로일 뿐이다.

'그렇다고 이렇게 넋을 놓고 앉아 15세를 보낼 것인가'

나는 다니엘을 찾아갔다. 포로로 잡혀 온 친구들을 찾아야 했다. 우리들은 만나기로 했다. 모여야 했다. 기도의 힘으로 싸워야 했다.

- 언제까지 이럴 건데, 언제까지 중병 든 사람처럼 누워 있기만 할 건데.

설득했다.

며칠 뒤, 우리는 다니엘의 방에 모였다. 50여 명이 넘는 청년들이 둘러앉았다. 모임을 인도하는 사람은 없었다. 하나님이 주시는 마음만을 잠잠히 기다렸다.

그때였다. 누군가에게서 눈물이 터져 나왔다. 소리 없이 흐르는 눈물은 강력한 힘이 있었다. 옆 사람에게로 옆 사람에게로 전달되었다. 나만이 아니었던 것이다. 서럽고 슬프게 울고 있었던 사람은. 낯선 땅에서 무시를 당하고 억울한 일을 겪는 것을 묵묵히 참아 내야만 했던, 마음속으로만 쓸어 담아야 했던, 그 어떤 저항도 할 수 없었던 사람은…….

모욕과 비웃음으로 억눌려 왔던 설움에 색깔이 있다면 그건 아마도 까만색일 것이다. 희망이 없는, 모든 것이 희미하고 아득한 어둠의 색 말이다.

우리는 눈물을 뚫고 기도하기 시작했다. 어느 시대든 회개의 기도에는 강력한 힘이 있는 법이다. 그걸 기도의 아버지, 어머니들에게서 배워 알고 있었다.

우리는 신앙을 지키지 못했다. 홍해를 건넜을 때의 감격을 잊어버린 지 오래였다. 북이스라엘이 멸망하고 남 유다인 우리만 남았을 때도 정신을 차리지 못했다. 이웃 나라의 침략으로 어려움에 빠졌을 때도 마찬가지였다. 기도하기보다 다른 나라의 군사력에 더 의지했다. 하나님 없이도 살 수 있다고 생각했다. 예배를 멈췄다.

부모와 형제, 이웃을 미워하고 증오했다. 미움 속에서 수백 번 수천 번 그들의 심장을 잔인하게 칼로 찔렀다. 교만했다. 재판관처럼 판단하고 벌을 내렸다.

이제 우리에겐 하나님이 함께 하신다는 믿음이 필요했다. 그 확신만 있다면 무엇이든 할 수 있을 것 같았다. 용기를 낼 수 있을 것 같았다.

처음엔 중얼거리며 기도했다. 하늘로 향하는 작은 창문만 남긴 채 네 벽면을 두꺼운 이불로 덮었다. 소리가 새어 나갈까, 엿듣는 사람이 있지 않을까 두려웠다.

바벨론 왕은 신앙을 지키는 것을 '매국' 행위로 생각했다. 자신을 신이라 생각하기에 모든 종교를 금지했다. 어떤 신앙공동체도 합법화하지 않았다. 우리를 더욱 압박하고 감시했다.

하지만 그렇다고 포기할 우리가 아니었다. 박해가 심하면 심할수록 더 힘을 내었다. 전쟁에 나가는 군사처럼 비장한 마음으로 하나님께 가까이 갔다.

우리의 마음은 점점 강해졌다. 한 걸음 더 나아갔다. 바벨론을 하나님의 신앙으로 변화시키겠다는 비전을 품었다.

*

이윽고, 나는 다른 두 친구와 함께 불구덩이에 던져졌다. 불길은 멀리서 볼 때보다 훨씬 강렬하게 타오르고 있었다. 화염이 가까이에서 느껴졌다. 연기가 눈앞에서 자욱하게 피어올랐다. 계속해서 기침이 났다. 숨이 막혔다. 이렇게 고통스럽게 죽음을 맞이

하리라고는 한 번도 생각해 본 적이 없었다. 눈을 질끈 감았다.

그때였다. 누군가가 손을 잡아당기는 느낌이 들었다. 너무 부드러워서 흠칫 놀랐다. 갓 태어난 아기의 피부 같았다. 말랑 말랑하고 담백한 느낌에 젖어 한동안 가만히 있었다.

마음에 상상할 수 없는 평안이 찾아왔다. 온몸이 타 들어갈 듯한 뜨거운 기운은 더 이상 느껴지지 않았다. 어디선가 시원한 바람이 고요하게 불어오고 있었다. 얇은 꽃잎을 흔들어 씨앗을 퍼뜨리는 그런 바람이었다.

그 존재가 불안에 떨고 있는 우리에게 말했다.

"내 손을 잡아요. 당신이 놓쳐도 내가 놓지 않아요."

우리는 다 같이 그의 손을 잡았다. 그가 가리키는 방향으로, 그의 발걸음을 따라 조금씩 걸었다. 멀리서 사람들의 목소리가 희미하게 들려왔다.

"넷이다. 분명 셋을 던져 넣었는데 네 사람이 걸어 다닌다."

그는 내가 이제까지 한 번도 본 적이 없는 형상을 하고 있었다. 어떤 감각으로도 표현할 수 없는 형체였다. 그런 그가 우리와 함께 있었다.

오직 그에게만 집중했다. 바로 앞에서 타오르는 불길은 무서웠고, 두려움이 들짐승처럼 나를 삼키려 했다. 다리가 떨렸다. 당장이라도 멈춰 서고 싶었다.

하지만 그에게 집중할 수 있는 힘마저 놓지는 않았다. 삶과 죽음의 순간이었다. 생명이냐 소멸이냐의 순간이었다. 그러니 정신을 바짝 차려야 했다.

우리가 그 존재를 따라 불구덩이에서 나왔을 때였다. 왕이 선포했다.

"하나님을 찬양하라. 자기를 믿는 사람을 이렇게 구해 낼 수 있는 신은 세상에 없다."

사람들은 함성을 질렀다.

마침내 군사들에게서 풀려난 내게 한 사람이 다가왔다. 그 역시 나와 같은 민족 사람이었다. 가족과 함께 포로로 끌려온 그는 먹고 살기 위해 바벨론 군사가 되었다고 했다. 나이 드신 부모님과 어린 동생들, 게다가 아내와 아이들까지 있다고 했다.

그도 우리가 신앙을 지키고 있는 것을 소문으로 알고 있었다. 하지만 함께 할 수 없었다. 조국과 침략국. 그는 경계에 선 사람이라고 스스로를 자책했다.

"저는 영원한 이방인이겠죠?"

그가 말했다.

"나중에 하늘나라에 가면, 아니 그 나라를 감히 생각이나 할 수 있을까요? 저 같은 배신자가 어떻게 하나님으로부터, 너를 안다는 말을 어떻게 듣겠어요?"

그가 울먹였다. 하루하루 몸으로, 철저히 육체로 살고 있을 뿐이라고 했다.

그는 하나님의 군사가 되는 게 꿈이었다. 독한 훈련으로 자신을 단련했다. 진짜 군사가 되고 싶었다. 하지만 포로로 끌려온 그는, 조국을 등지고 바벨론을 위해 싸우고 있었다. 그토록 조국의 독립을 위해 싸우고 싶었는데 말이다.

바벨론에 맞서다 죽은 동지들처럼 해야 했다고 그는 말했다. 그들이 맞았다고, 하지만 그렇게 하지 못했다고, 죽음이 무섭고 두려웠다고, 그날부터 독립을 위한 그의 기도는 멈추었다고 말했다.

나는 그에게 손을 내밀었다. 그리고 말했다.

"우리와 함께해요. 기다릴게요."

"……."

그가 내 손을 맞잡았다.

비록, 불구덩이 사건으로 우리의 신앙이 인정을 받았다고는 하지만 다른 민족들의 시기심은 더 깊어 갔다. 그들은 어떻게든 꼬투리를 잡아 우리를 끌어내리려는 기회만 엿보았다.

그렇다고 한 번 타오르기 시작한 기도의 불꽃이 꺼질 리 없었다. 20여 명 모이던 다니엘의 방에 100여 명이 모였다. 여인들은 어린 자녀를 업고 왔으며, 병든 노인들은 젊은 아들의 부축을 받아 왔다. 바벨론에 포로로 끌려왔던 이스라엘 귀족과 지식인들, 시장에서 장사를 하는 사람, 공무를 맡은 사람, 게다가 바벨론 본토 사람도 있었다.

청년들이 당번을 정해 감시를 서 주었다. 많은 사람이 모인다는 것 자체가 의심을 받을 일이기 때문이었다. 할머니들은 집에서 음식을 장만해 왔다. 올리브기름과 과일, 빵을 모두 모으니 작은 탁자에 꽉 차고도 남았다.

여러 사람을 통해 고향 이스라엘의 소식을 들을 수 있었다. 땅은 황폐해졌고 더 이상 뿌릴 씨앗조차 남아 있지 않다고 했다. 바벨론 관리들은 남아 있는 사람들이 굶어 죽도록 모든 곡물과 씨종까지 거둬 간다고 했다.

울창하던 백향목은 잘려 바벨론으로 실려 갔고, 갈릴리 호수와 요단강도 더럽고 냄새 나는 버려진 강이 되었다. 무엇보다 성전이 허물어졌다는 소식에 우리는 끝내 참았던 눈물을 터뜨리고 말았다.

"아악."

여기저기에서 사람들이 가슴을 치며 소리 내어 통곡했다. 솔로몬 시대, 성전을 지을 때의 감격을 몇 세대에 걸쳐 전해 들었던 사람들이었다. 그러니 이 상황을 어떻게 받아들일 수 있겠는가.

지팡이를 짚고 왔던 어르신 한 분이 흐느끼다 그 자리에 쓰러졌다. 우리도 수십 번 수백 번 쓰러졌다. 삶을 포기하고 싶을 만큼 깊은 절망과 허무가 몰려왔다. 하지만 우리는 지금 '다니엘의 방'에 모여 있지 않은가.

우리는 기도했다. 약한 우리를 강하게 해 달라고, 어리석은 마음을 지혜롭게 해 달라고, 우리가 단지 포로로 끌려온 것만은 아니지 않냐고, 하나님은 지금 우리를 훈련시키기 위해, 은처럼 단련시키기 위해 바벨론을 이용하고 있는 것을 안다고 말이다.

누군가가 말했다. 우리는 불구덩이에서 우리를 구하신 하나님을 본 사람이라고, 그러니 뭐가 달라도 달라야 한다고, 하나님은 우리의 기도를 들으실 거라고, 눈물과 설움, 비참함을 숨기지 말자고, 두려움과 의심을 감추지 말자고 말이다.

그랬다. 우리는 단 하루를 살아갈 은혜만을 구하며 이렇게 기도하면 되는 것이다. 노래로 말씀으로 버티면 되는 것이다. 별이 금처럼 반짝이는 밤이 저물고 하얀 양털 같은 새벽이 밝아 올 때까지, 사람들이 침대에서 일어나 아침을 먹을 때까지, 우리 마음속에 하나님만 품으면 되는 것이다.

울다가 웃다가, 졸다가 깨다가, 노래를 부르다 빵을 먹다가도 우리는 하나님을 생각했다. 그리고 마침내 우리는 응답을 받았다. 그것은 고향 이스라엘에서도, 바벨론에 와서 살면서도 단 한 번도 본 적 없는 태풍 같은 계시였다. 계시는 너무나 강렬해서 나는 바닥에 바짝 엎드릴 수밖에 없었다.

……한쪽에서 강한 바람이 불어 땅의 모든 먼지가 쓸려 나간다. 모든 사람들이 지하의 세계로 사정없이 가라앉는다. 온 바벨론을 흔들었던 지난 봄의 지진이 다시 몰려온다. 그 위에 하늘에서 유황불이 떨어진다.

한 도시를 삼켜 버리는 화산의 폭발보다 더 강력한 유황불은 뉘우치지 않았던 지난 세대, 기도하지 않았던 우리 세대 전체가 뿌리 뽑히는 무서운 공포를 몰고 온다…….

　나는 때로 바벨론의 문명을 선망의 눈길로 바라본 적이 있었다. 그들이 이룩한 높은 수준의 발전 앞에 주눅 들었었다. 무서운 욕망으로 그들을 따라간 적도 있었다. 우리가 고향에서 자연의 섭리에 따라 살아온 것이 야만스럽게 느껴지기도 했다.
　하지만 아니었다. 잘못된 생각이었다.
　하나님이 없는 철학, 하나님이 없는 천문학 따위의 학문이 무슨 가치가 있단 말인가. 그건 우상에 불과할 뿐이다. 사람의 추악한 본능을 감추기 위한 위선일 뿐이다.
　우리는 바벨론에 와서 철기 시대를 맞았다. 날마다 산이 깎이고 강이 메워졌다. 바다까지 메우려 한 어리석은 왕도 있었다.
　그는 수백 명을 모아, 수백 개의 바위를 깨서 바다 밑으로 던졌다. 바다가 얼마나 깊은지도 모르면서, 얼마나 넓고 오묘한 이치를 가지고 있는지도 모르면서, 한낱 먼지만도 못한 존재가 바다를 향해 돌을 던진단 말인가.
　한창 꽃이 필 때 공중에 떠다니는 꽃가루처럼 땅이 사람에게 얼마나 많은 것을 줄 수 있는지도 모르면서, 그 땅의 세계가 태초에 어떻게 만들어졌는지 상상조차 못하면서 파헤치기만 한단 말인가.
　한 층 한 층 건물이 올라갈 때마다, 소음과 먼지가 온몸과 마음을 괴롭힐 때마다, 나는 그 건물들이 한꺼번에 무너지는 날을 떠올리곤 했다. 아무리 하늘 높이 올라가고 지하 끝까지 내려간다 한들 하나님께 닿을 수 있다는 것일까.

비록 나는 바벨론에 있지만, 이곳에 살고 있는 게 아니다. 온몸이 상하고 온 기운이 지치도록 노동하고 있지만, 바벨론을 위해 일하는 게 아니다. 나는, 하나님을 향해 존재하고 있는 것이다……

*

그렇게 수십 년이 지났다. 바벨론은 새로운 나라에 정복되었다. 다니엘은 지혜를 인정받아 총리가 되었다. 하지만, 그를 시기하는 다른 민족들이 우리의 신앙을 계속 핍박했다.

어느 날 오후 기도회를 하고 있을 때였다. 군사들이 들이닥쳤다. 다니엘을 사자 굴에 던지겠다고 했다.

그날 밤, 우리는 사자굴 앞에 모였다. 바벨론이 떠나가도록 찬양했다. '악(惡)'에 맞서는 기도의 노래였다. 우리를 불구덩이에서 건져 내셨던 하나님이 다니엘의 생명을 지키시리라는 확신이 우리에겐 분명히 있었다.

하나님은 천사들을 보내 사자의 입을 막으실 것이다. 한낱 포악

한 짐승 따위가 하나님의 사람을 해칠 수 없다. 다니엘은 견디어
낼 것이다.

기나긴 밤의 싸움이 끝나고 마침내 날이 밝았다. 돌문이 열렸
다. 그리고 우리는 상처 하나 없이 맑은 눈으로 걸어 나오는 다니
엘을 눈물로 맞이했다.

왕은 명령을 내렸다.

"모든 백성은 하나님을 두려워하라. 하나님은 살아 계시고 변하
지 않으신다. 그 나라는 멸망하지 않으며 그분은 영원히 다스리실
것이다."

*

이제 어느 곳에서든 사람들이 모여 기도하는 모습을 보는 건 낯
선 일이 아니다. 광장에서 거리에서 상점에서 공원에서 강가에서,
사람들은 모이기만 하면 서로를 끌어안으며 인사하고 격려했다.
기도했다.

오늘 저녁에도 다니엘의 집에서 기도회 모임이 있다. 나는 빵과
말린 과일, 견과류 그 밖의 여러 가지 음식들을 준비했다. 기도회
엔 고향 사람뿐 아니라, 이곳에 사는 많은 민족들이 함께하기에 다

양한 음식을 준비해야 했다. 시장에서 음식을 사고, 텃밭에서 잘 자란 채소를 뽑아 깨끗하게 씻었다.

때때로 바람이 내 마음을 만지고 지나갔다. 콧노래가 흘러나왔다. 상쾌했다. 게다가 오늘 기도회가 너무 기대되어, 며칠 전부터 나는 마음이 들떠 있었다. 다니엘이 얼마 전 만났던 천사의 계시에 대해 나누어 주기로 했기 때문이다.

'티그리스에서의 환상이라니.'

가슴이 너무 벅차올라 숨이 쉬어지지 않았다.

시간이 없었다.

급기야 나는 뛰기 시작했다.

많은 사람이 깨끗하고 하얗게 단련될 것이다. 그러나 악한 사람은 계속 악을 행할 것이다. 악한 사람은 알아듣지 못할 것이다. 하지만 지혜로운 사람은 알게 될 것이다.

– 다니엘 12:10

9. 나는 성전 재건축에 참여한 사람

9월의 첫날이었다. 밖에서 들려오는 아이들의 노래 소리에, 잠이 덜 깬 눈으로 약국의 창문을 열었다. 아직 이른 아침이었다. 여운이 남아 있는 새벽바람의 리듬에 맞춰 나뭇잎이 흔들리고 있었다. 하늘은 높았다. 희고 우아하게 떠 있는 구름은 손에 잡힐 듯 가깝고 아름답게 느껴졌다.

아침까지 남아 있는 악몽을 깨우는 건 늘 아이들이었다. 아이들은 마치 자연 같았다. 바다나 산, 나무나 풀, 눈이나 햇살 같았다. 사랑스러운 두 딸과 딸의 친구들은 아침이면 으레 마을에서 제일 먼저 일어나 동네를 뛰어다니곤 했다. 쫓아오는 강아지를 몰고 달리곤 했다. 이렇게 올해도 예루살렘에 가을이 찾아온 것이다.

"느헤미야다, 느헤미야가 돌아온다."

아이들은 그 어느 날보다도 크게 외쳤다. 마을 사람들이 하나둘 대문을 열고 나왔다. 평소 친분이 있던 사람들끼리 마주보며 소곤거렸다.

"페르시아의 그 느헤미야?"

"왕에게 술잔을 올린다는."

"그가 우리 유대 사람이었어?"

페르시아의 왕이 호위병으로 보낸 군대 장교들과 기마병들의 행렬을 본 사람들은 자기도 모르게 와! 와! 함성을 질렀다. 마을이 이렇게 활기에 찬 때는 처음이었다. 늘 불안과 긴장의 소용돌이가 거리에 드리워져 있었고, 사람들은 어느새 그런 분위기에 익숙해 있었다.

내겐 더욱 그랬다. 어머니가 돌아가신 후, 요 몇 년간 소리 내어 웃어 본 적이 없었다. 잠들기 전 포도주를 마실 땐 눈물이 온몸을 흠뻑 적시곤 했다. 오랜 가뭄으로 갈라진 땅 같았다.

학개, 스가랴 선지자의 노력에도 불구하고 성전은 160년 동안 방치되어 있었다. 그 사이 마을 사람들의 신앙도 점점 무너져 갔다. 어머니는 누구보다 이런 상황을 안타까워했다. 어머닌 할머니로부터 물려받은 약국에서 작은 예배를 시작하셨다.

처음엔 우리 가족뿐이었다. 하지만 오랜 세월 병으로 고통 받은 사람들이 약국에 찾아오면서 예배의 자리는 채워졌다. 안식일이면 어머닌 약국 문을 닫았다. 소박하지만 간절한 예배를 인도했다.

나는 아직도 신음 소리와도 같던 사람들의 뜨거운 기도를 기억한다. 함께 모여 찬양하고, 선지자들이 남기고 간 편지를 돌려 읽으며 힘을 얻던 시간들. 비록 다른 나라의 지배를 받고 있지만 당당히 기도의 자리를 지킨 사람들. 상황도 형편도 가난했지만 부끄럽지 않았던 예배……

하지만 새 총독의 박해가 시작되고 어머니가 돌아가신 뒤 예배
는 중단되고 말았다.

'우리 언제 다시 모일 수 있을까.'

나는 어머니가 생각날 때면 혼자 예배당에 앉아 통곡하곤 했다.
바람이 불면 사막의 뿌연 먼지는 우리를 흩어지게 할 것이다. 하
지만 우리의 영혼은 주님께 묶여 있어야 한다고, 주님을 믿으며 무
릎 꿇어야 한다고, 봄마다 새롭게 돋아나는 어린 새싹처럼 감사를
찾아내어야 한다고 통곡했었다.

"무너진 성전을 다시 지을 거래요."

"원하는 사람은 모두 참여할 수 있대요."

사실, 우리 동네 사람들은 모두 제사장 집안이었다. 하지만, 페
르시아의 식민지로 살면서 자부심과 사명감을 잊어버린 지 오래
였다. 어르신들은 물론 청년들의 얼굴에도 두려움과 절망이 가득
했다.

그들의 영혼은 언제나 겨울이었다. 따뜻한 봄에도, 뜨거운 여름
에도, 심지어 눈이 부시도록 하늘이 높고 아름다운 가을에도 청년
들은 가슴을 한껏 웅크린 채였다. 노인같이 깊은 주름이 진 얼굴
로 걸어 다녔다. 새로운 사역은 덮어 놓고 거절했고, 공동체에서
소외당할 일들은 시작부터 극도로 피했다. 손가락질 받을 만한 일
을 당할까 봐 전전긍긍했다.

사람들의 근거 없는 소문을 두려워했다. 늘 조용히 말했고 천천

히 걸어 다녔다. 누구와도 눈을 맞추며 미소 짓지 않았다. 최대한 소극적이고 수동적으로 움직이며, 어떤 명분에도 겉으로만 참여하는 척했다. 지배받는 삶에 철저하게 적응되어 있었다.

'바벨론에 끌려가 70년이나 포로 생활을 한 것도 모자라, 이제는 페르시아의 지배라니.'

기가 막혔다.

다윗의 왕국이 있기는 했었던가. 솔로몬 왕 시대의 지혜자들은 다 어디로 갔는가. 예레미야 선지자의 처절한 기도가, 그의 뜨거운 눈물이 이렇게 쉽게 말라 버렸던가.

식민지 시대는 여기, 내 자리에서 끝내야 한다. 딸들의 시대까지 유물로 남겨 두어선 안 된다…….

나는 더 이상 이런 나라에서 아이들을 키우고 싶지 않았다. 이렇게 발랄하고 생기 넘치는 딸들은 내년이면 곧 학교에 들어갈 것이다. 아이들은 그곳에서 하나님이 없는 나라, 페르시아의 역사를 배우며 내게 와 따질 것이다. 왜 우리를 혼란스럽게 했냐고 울부짖을 것이다.

처음부터 하나님이 계시긴 했던 거냐고, 할머니에게 듣던 노아 할아버지의 이야기가 말이 되냐고, 비가 그렇게 오랫동안 내릴 수 있는 거냐고, 이집트를 탈출할 때 붉은 바다에서 빠져 죽지 않고 살아 나온 사람이 있기는 했냐고, 지금 우리가 왜 믿음을 지켜야 하냐고.

……간절한 기도는 머지않아 끝날 것이다. 찬양은 멈춰질 것이다. 어머니가 떨리는 목소리로 읽으시던 말씀은 힘을 잃어 갈 것이다. 아이들은 더 이상 '엄마' 하고 달려와 품에 안기지 않을 것이다. 신비롭고 호기심 가득한 눈으로 하늘을 올려다보지 않을 것이다. 풀 한 포기, 꽃 한 송이, 새 한 마리를 돌보는 하나님을 기대하지 않을 것이다.

그런 믿음 없는 처녀들로 커 갈 것이다. 눈에 보이지 않는 하늘나라 얘긴 꺼내지도 말라며, 두 발 딛고 선 세상만이 생의 전부인 양, 냉소적인 사람들로 살아갈 것이다.

"엄마, 우리도 가 볼래요."

두 딸이 말했다.

"위험해."

하지만, 아이들은 내 말이 끝나기도 전에 눈앞에서 멀리 사라졌다. 벌써 성벽 건축이 한창 진행 중인 공사장으로 있는 힘을 다해 달려가고 있었다. '조심'이라고 소리치며 나도 재빨리 약국 문을 닫고 아이들을 쫓아갔다.

*

현장에는 벌써 많은 사람들이 모여 있었다. 감독관은 건장한 남자들이 할 일과 여자들이 할 일, 아이들이 할 수 있는 일과 노인들이 할 수 있는 일을 구체적으로 말해 주었다. 골조가 되는 벽돌을 쌓는 일은 모세 할아버지 시절, 광야에서 성막을 짓는 지혜와 기술을 전수받은 집안 사람들이 맡았다.

다윗의 연못과 솔로몬의 정원을 옛 문헌에 따라 고증했고, 몇 번의 수정을 거쳐 가며 도면을 완성해 나갔다. 대장장이, 향료 장사는 물론, 제사장들과 레위인들도 보수 작업에 참여했다. 성전 일에 관계된 사람들은 성전 지역 근처에 살면서 작업을 도왔다.

사람들은 전문가의 지시에 따라 북쪽, 서쪽, 남쪽, 남동쪽, 북동쪽 성벽을 재건해 나가고 있었다. 동문, 수문, 샘문, 골짜기 문, 양문 등을 용도에 맞게 다시 만들어 나갔다.

제사장 집안인 우리 동네 사람들은 약국에서 가까운 '양문'을 재건하는 일을 맡았다. 양문은 희생 제사에 바쳐질 짐승들을 성전으로 들여 오는 문이기 때문에 모두들 자부심과 사명감으로 일했다.

물론, 오랫동안 버려졌던 성벽을 보수하기란 쉽지 않았다. 성벽 공사가 완성되고 성문의 문을 다는 작업만 남았을 때였다. 우리의 작업을 중지하려는 세력이 들이닥쳤다.

"당신들이 이런 일을 할 수 있다고?"

"불에 탄 벽돌로 성벽을 재건한대에."

"느헤미야는, 포로인 주제에 점령국 페르시아 왕의 시종씩이나 되었으면 조용히 거기 있을 일이지, 왜 이 못난 고향에 와서 일을 벌여?"

그들은 조롱했다.

그리고 시간이 갈수록 더 악랄한 음모를 꾸몄다. 사람의 악한 마음은 밖으로 흘러나오기 마련이었다. 무려 열흘 동안 갖가지 모양으로 스며 나왔다. 그리고 마침내, '느헤미야 암살'이라는 최종 계획으로 드러났다.

그들은 이미 1차 공격을 여러 번 실행했고, 내부 분열로 실패하자 2차 공격으로 치밀하게 연결시켰다. 그것은 느헤미야가 성벽 재건을 기회로 유대 왕이 되려고 한다는, 차마 입에 담을 수 없는 소문을 퍼뜨리는 것이었다.

맙소사!

이건 역모였다. 페르시아 왕 귀에라도 들어가면, '예루살렘 성벽 재건' 자체가 허물어질 수도 있는 일이었다.

그들은 평소 느헤미야가 신뢰하던 사람들을 이용했다. 느헤미야에게, 성벽 막바지 작업은 성전에 들어가 살면서 진행하자고 은근히 압력을 넣었다.

'성전 거주'라니.

그건 하나님의 계명을 어기는 일이었다.

지금이야말로 온 마을 사람들에게 금식을 알리고 기도해야 할 때였다. 그동안 우리가 지켜온 강인한 생명력, 서로를 돌아보면서 알게 된 공감의 힘, 독립하기 위해 처절하게 애쓰면서 만들어진 생존 감각, 치열하게 얻은 성벽 재건의 꿈과 간절함으로 기도해야 할 때였다. 하나님께 엎드려야 할 때였다.

……어느새 작정 기도 마지막 날이었다.

여기저기에서 딸들의 목소리가 우렁차게 온 마을에 울려 퍼졌다.

"성벽이 완성됐대요."

*

재건 작업을 시작한 지 무려 50여 일 만이었다.

'드디어 이런 날이 오다니'

마을 사람들은 모두 기쁨에 벅차 울먹였다. 그동안의 설움이 복받쳐 엉엉 소리를 내며 울었다. 옷을 벗어던지며, 덩실 덩실 춤을 추는 사람들도 있었다. 아이들은 찬양을 부르며 성벽 주위를 뱅글뱅글 돌고 또 돌았다.

하늘에서 예고도 없이 세찬 비가 쏟아졌다. 가을 비였다. 사람들의 눈이 모두 빗줄기가 쏟아지는 하늘을 향했다. 하늘에 계신 아버지를 향하였다.

'하늘이 열린다는 게 이런 것일까.'

우뚝 선 성벽 너머 우리를 축복하실 하나님이 마치 내 옆에, 아니 내 안으로 들어오는 듯 가깝게 느껴졌다. 돌아가신 어머니처럼 따뜻하게 다가왔다.

쏟아지는 비를 흠뻑 맞으며 나는 기도했다. 우리가 마음을 모으면 무엇이든 시작할 수 있다는 것, 두려워하고 의심하지 말 것, 어머니의 예배가 헛되지 않았다는 믿음을 간직할 것, 나 또한 딸들을 위해 기도할 수 있는 어머니의 신앙을 가져야 한다는 확신에 찬 기도였다.

비는 더 세차게 쏟아졌다. 온종일 예루살렘을 촉촉하게 적시고 있었다.

마른 땅 깊숙이 침투하고 있었다.

느헤미야가 그들에게 말했다.

"좋은 것과 단 것을 마시고 아무 것도 준비하지 못한 사람들에게도 나누어 주라. 이 날은 주의 거룩한 날이다. 슬퍼하지 말라. 여호와를 기뻐하는 것이 너의 힘이다."

– 느헤미야 8:10

10. 나는 욥의 늙은 종

　내가 욥을 만난 건 남편을 잃은 뒤였다. 내가 태어나고 자란 곳을 떠나 사막에서 유목 생활을 전전해야만 했던 시기였다. 나는 족장 집안 양들의 털을 깎으며 살아가는 사람들을 찾아갔다. 우선 그 일부터 배울 생각이었다.

　난 다른 과부들처럼 검은 색 옷을 입고 있었다. 그런 내게 사람들은 말했다. 제대로 일을 배워 살아갈 자세가 되어 있다면, 그 캄캄한 옷부터 당장 벗어던지라고. 괜한 동정이나 받고 싶어 주변에 어슬렁거리면 일하는 데 걸리적거리기만 할 뿐이라고. 그러다 쥐도 새도 모르게 사라진 사람들이 어디 한둘인 줄 아냐고.

　사실 사막 곳곳엔 베일로 얼굴을 가린 사람들이 많았다. 유목민들의 숙소 입구에 앉아 몸을 파는 여인들도 많았다.

　'저렇게 치열하게 직업의 세계에 뛰어들라는 건가.'

　내가 그녀들에게서 받은 메시지는 그랬다. 지독히도 현실적인 충고였다.

　처음엔 그들의 무례한 말투에 심한 모멸감을 느끼기도 했다.

　- 내가 누구 아내였는데, 남편이 어떤 사람이었는데.

화난 심장을 붙잡고 있다가, 나도 모르게 이런 말이 툭 튀어나오곤 했다. 사별한 지 3년이나 지났다. 그런데 아직도 이런 망상에 사로잡혀 있다니. 이런 한심한 여자가 나라니. 조롱 섞인 웃음이 나왔다.

나도 이런 종류의 여자들을 많이 보았었다.

- 쯧쯧. 누구나 언젠가 혼자가 될 수 있다. 그러니 맥을 놓으면 안 된다, 여자는.

철없는 그녀들을 경멸했었다.

하루하루의 생계가 막막했다. 노인들을 따라 버려진 종이를 주우러 다니고, 쓰레기 더미를 뒤졌다. 그러던 어느 날, 그 곳에서 '욥'이라는 사람의 소문을 듣게 되었다. 욥에게는 7천 마리의 양떼와 4천 마리의 낙타, 2천 마리의 소, 백 마리의 나귀가 있고 이를 돌볼 많은 종들이 필요하다는 것이었다.

나는 사막을 떠나 그가 사는 우스 땅으로 가기로 결심했다. 분명히 농사와 목축을 하기에 기름진 땅일 것 같았다.

*

무엇보다 욥은 정직한 고용주였다.

'노동자에게 선량한 주인을 만나는 것보다 더한 행운이 있을까?'

이곳에서 나는 비로소 사람들과 함께 일하는 기쁨을 알게 되었다. 그렇게 얻은 노동의 대가를 통해 삶의 보람을 찾아가고 있었다.

욥은 자비로운 성품을 가진 사람이었다. 그의 집에서 일하는 사람들을 존중해 주었고, 맡긴 일에는 간섭하지 않았다. 그가 가족들과 함께 예배하고 노래하는 소리가 종종 들렸는데, 그 소리는 너무나도 달콤하고 평화로웠다. 잠시, 오후의 햇살이 수직으로 쏟아지는 땅에 누워 쉴 때면 뜻밖의 낮잠이 쏟아질 정도였다.

세상에 '선(善)'이라는 게 있다면 분명 욥이 섬기는 하나님으로부터 온 것이리라. 나는 50여 년 동안 하나님을 알지 못하는 사람들의 세계에서 살았다. 내가 살던 세계에서는 자기 잘못에 대해 '용서'를 구하는 사람들이 없었다. 남에게 잘못을 인정하는 순간, 자신의 존재감이 그림자처럼 사라진다 여겼었다.

그런데 욥을 만나면서부터였다. 실수하거나 잘못한 일에 대해 진정 어린 사과를 하게 된 것은. 그렇다 해도 내 자존심이 상하지 않는다는 것. 내 존재감이 모래섬처럼 밀물에 무너지지 않는다는 걸 알게 되었다.

모든 게 완벽했다. 욥에게 시련이 닥치기 전까지는.

사막에 갑자기 불어 닥친 회오리바람은 그의 모든 자녀들, 모든 종들을 죽였다. 내가 폭풍을 피해 살아남은 건 기적이었다. 정신을 차릴 새도 없이 시련은 계속 몰아쳤다.

나는 하나님께 맹세할 수 있다. 욥은 한 번도 사람들 앞에서 많은 재산을 자랑한 적이 없었다. 여름날의 장맛비, 늦가을의 매서운 바람, 한 겨울의 사나운 폭설이 닥칠 때면 욥의 마음은 온통 광야에서 노숙하는 사람들에게 쏠려 있었다.

사람들의 차가운 시선과 경멸에 마음이 데인 사람들, 아프고 쓰라린 상처가 아물기도 전에 덧나 소금에 절여지듯 무감각해진 그들에 대한 안타까움으로 가득 차 있었다.

작년 겨울이었다. 욥은 들짐승으로부터 노숙인들을 보호하기 위해 수백 개의 장막을 쳤다.

하지만, 사람들은 그곳에서조차 편하게 잠을 이루지 못했다. 광야에서 방황하다, 아무데서나 쓰러져 잠들곤 했다. 나도 그들의 불안을 잘 알고 있었다. 욥을 만나기 전까지 나도 그러했으니까.

- 대체 언제까지 종살이 하며 이런 대접을 받고 살아야 할까. 이런 생을 과연 언제까지 견딜 수 있을까.

끝없이 이어지는 질문 때문에 꼬박 일주일 밤을 광야에서 새운 적이 여러 번이었으니까.

갑자기 닥친 시련으로 욥은 모든 자녀를 잃었다. 사막의 폭풍과 회오리바람, 불처럼 타오르는 번개에 모든 종들이 살해되었다. 북쪽에서 온 흉악한 갈대아 도적들에게 모든 재산을 빼앗겼다. 그러나 욥은 예배를 멈추지 않았다.

하지만 곧 두 번째 시련이 찾아왔다.

어느 날, 욥이 그릇을 깨고 있었다. 온몸에 난 종기를 긁기 위해서였다. 그에게 구걸하던 거지들 옆에서 그들처럼 넋이 나간 표정으로 말이다. 욥은 쓰레기를 쌓아 놓은 잿더미에 앉아 토기 조각을 쥐고 계속 몸을 긁어 댔다.

- 차라리 하나님을 저주해요.

욥은 아내의 날선 말에 잠깐 놀라는 듯했다. 하지만, 곧 아내의 말을 단호하게 뿌리쳤다.

모든 종들이 하나 둘, 욥을 떠났다. 하지만 나는 결코……, 그렇게 할 수가 없었다. 몇 번 동료와 함께 짐을 꾸려 그를 떠났지만, 곧 다시 돌아왔다.

사막에서 욥을 처음 만났을 때, '우리 집에 와서 일해 주시겠어요?'라고 하던 그의 따뜻한 눈빛이 떠올랐다. '더 많이 잡수셔야 돼요'라던 그의 마음이, '열심히 살고 계시다는 거 알아요'라던 그의 격려가, '지켜보고 있어요'라던 그의 충고가 어딜 가든 사방에서 들리는 것 같았다. 욥의 곁으로 돌아올 수밖에 없었다. 나의 겉옷을 여며 주며, '오늘은 바람이 강하니 옷을 더 단단히 입으세요'라던 손길을 어떻게 잊을 수 있겠는가.

나는 아직, 그가 막내딸을 품에 안았던 날을 생생히 기억한다. 갓 태어난 아이의 작은 손바닥을 자기 손바닥에 대어 보며 '세상에 어찌 이런 생명이 있을까' 어처구니가 없다는 듯 함박웃음을 웃던 날, 자녀들과 운율을 맞춰 성경을 한 자 한 자 소리 내어 읽던 날,

예배를 드린 뒤, 감사의 눈물을 흘리던 날…….

자식이 없는 내게 욥은 기도로 만난 영적 아들이었다.

'제발, 하나님. 이 늙은이의 기도를 들어 주세요. 천사를 시켜 욥을 시험하라는 사단을 내쫓으세요. 사단의 그 입을 꿰매세요. 감히 욥의 이름을 부르지 못하게 하세요.'

나는 부르짖었다. 그렇게 몇 번의 통곡과 탈진을 반복하며 기도했다.

많은 사람들이 욥을 찾아왔다. 어려울 때 욥에게 도움을 받았던 사람들, 욥의 땅에서 농사를 지었던 사람들, 욥의 창고에서 음식을 꾸어 갔던 사람들이었다. 그들은 안타까운 마음으로, 때로는 어떤 도의(道義)로 욥의 집에 들렀다.

그중 가장 많이 찾아왔던 세 친구는 젊은 시절부터 욥과 절친하던, 하나님에 대해서도 서로의 생각과 마음을 허심탄회하게 나누던 사이였다. 나는 욥의 집에서 가장 오래 일한 종이었기에 그들을 잘 알고 있었다.

어려움에 처한 사람을 방문한다는 것은 쉬운 일이 아니다. 고통에 처한 사람을 진심으로 아끼고 걱정하는 마음은 생의 많은 풍파를 겪어 본 사람이 깨닫게 되는 연륜일 것이다. 하지만 사람의 '선의'라는 것이 과연 순수하기만 할까.

그들은 여러 번 욥과 대화를 나누었다. 대화는 때로 격렬한 토론으로 이어지기도 했다. 하지만 그들의 논리에는 욥에 대한 사랑

없는 충고와 날카로운 비난, 그리고 공격이 숨어 있었다. 그들은 욥이 누리던 부에 대해 시기하고 질투하고 있었던 것이다.

그들은 고통 속에서 단 한 번도 하나님과 인격적인 관계를 가져 본 적이 없는 사람이었다. 그러니 교만의 날선 칼로 욥의 영혼을 찔러 대는 것이다.

그들이 하나님에 대해 말할 때였다. 나 역시 그 엄청난 지성과 논리에 고개를 끄덕이며 귀를 기울이곤 했다. 하지만 그것이 과연 하나님을 '안다'고 말할 수 있을까.

하나님은 하늘에 거룩하게 앉아 사람을 판단하기만 하는 분일까. 피조물을 심판하기만 하는 그런 분인가. 사람이 고통당할 때, '그래서 나와 무슨 상관인가' 외면하는 분인가!

아니다. 그렇지 않다. 하나님은 같이 고통스러워하시는 분이다. 눈물을 흘리시는 분이다. 적어도 내가 만난 하나님은 그런 분이다. 욥이 얼마나 예배를 사모하고 기도 시간을 즐거워했는지 나는 안다. 하나님도 알 것이다.

그럼에도 시련은 절정에 다다랐다. 욥은 더 이상 버티지 못했다. 하나님을 부르고 또 불렀다. 목숨을 걸고라도 창조자와 변론하겠다, 맞섰다. 하나님에 대한 절망과 분노, 배신감을 바닥까지 드러내었다.

나 역시, 그의 신앙을 의심하지는 않았다. 적어도 그는, 다른 사람들처럼 하나님으로부터 돌아서지 않았다. 친구들처럼 비겁하게 변명하거나 인간의 얄팍한 지혜의 힘을 빌리지도 않았다. 고통의 문제를 처절하게 하나님과 풀기 위해 애썼다. "사람들의 말에 흔들리지 마세요. 주인님의 신앙이 틀리지 않아요. 우리, 하나님께 더 매달려요. 하나님의 겉옷을 끝까지 붙들고 놓지 말아요."

나는 그에게 말했다.

어쩌면 이 혼란 역시 욥이 통과해야 할 과정일지 모를 일이었다, 끝이 보이지 않는 캄캄한 동굴을 걸어가며 욥은 더 단단해질지 모른다, 무엇보다 하나님에게 한 발자국 더 다가갈지 모른다, 생각하기로 했다.

그때였다.

알 수 없는 곳에서부터 회오리바람이 불어왔다. 나는 엎드렸다. 욥도 엎드렸다.

마침내 하나님의 음성이 들렸다.

알지도 못하면서 말로 이치를 어둡게 하는 사람이 누구냐? 욥아. 너는 대장부처럼 허리를 묶고 나서라.

내가 땅의 기초를 놓을 때 네가 어디 있었느냐?

내가 크기를 정하고, 그 위에 줄을 쳤다.

기초를 단단히 하고 모퉁잇돌을 놓았다.

그 때 새벽별들이 노래하고 모든 천사들이 기뻐했다.

바닷물이 쏟아져 나올 때 나는 문을 닫아 물을 막았다.

구름을 바다의 옷으로 삼아 짙은 어둠으로 두르고 한계를 정했다.

네가 아침에게 명령을 내린 적이 있느냐?

새벽에게 자리를 알게 해 땅 끝을 붙잡고, 악인을 흔들어 떨쳐낸 적이 있느냐?

그 때 악인에게서 빛이 거두어지며 그의 높이 든 팔이 부러졌다.

네가 바다의 근원에 가 본 적이 있느냐?

물 밑으로 걸어 본 적이 있느냐?

죽음의 문을 열어본 적이 있느냐?

땅이 얼마나 넓은지 깨달은 적이 있느냐?

빛의 근원지로 가는 길을 아느냐?

눈의 창고에 들어가 본 적이 있느냐?

그 창고는 내가 고난의 때를 위해, 전쟁의 날을 위해 준비한 것이다.

해가 뜨는 곳에 가 본 적이 있느냐?

동쪽 바람이 어느 쪽으로 흩어지는지 아느냐?

폭우가 빠지도록 물에 길을 냈느냐?

누가, 사람이 살지 않는 땅 아무도 없는 광야에 비를 내리고 황폐하게 버려진 땅을 비옥하게 하여, 무르고 부드러운 풀에서 싹이 나게 했느냐?

누가 비와 이슬방울을 낳았느냐?

얼음이 누구의 태에서 나왔느냐?

하늘의 서리를 누가 냈느냐?

북두칠성을 묶을 수 있느냐?

오리온의 줄을 풀 수 있느냐?

때에 따라 별자리를 낼 수 있느냐?

별들을 인도할 수 있느냐?

하늘의 법칙을 아느냐?

땅을 다스리는 주권을 세울 수 있느냐?

번개를 보내 번개가 가면서 '우리가 여기 있소'라 말하게 할 수 있느냐?

누가 지혜를 주었느냐?

누가 마음 속 지각을 주었느냐?

누가 구름을 셀 수 있느냐?

티끌이 뭉쳐져 진흙이 되고 그 덩어리가 달라붙게 할 수 있느냐?

네가 사자를 위해 먹이를 사냥할 수 있느냐?

배고픈 어린 사자를 배부르게 할 수 있느냐?

까마귀가 먹이가 없어 부르짖을 때 먹이를 줄 수 있느냐?

내 명령으로 독수리가 하늘로 날아오르고 높은 곳에 둥지를 만든다.

보라. 강물이 넘쳐도 놀라지 않으며, 물이 불어 입에 차도 태연하다.

누가 그걸 막을 수 있겠느냐?

전능자인 나와 싸워 나를 가르치려 하느냐?

하나님을 나무라는 사람아, 대답해 보아라.

– 욥기 38, 39

마침내, 하늘과 땅에 울려 퍼지던 하나님의 목소리가 지나갔다. 하지만 그 여운은 너무나 깊었다. 밤이 지나고 새벽아 지나도록 하늘에서 비가 쏟아졌다. 땅이 멈추지 않고 흔들렸다.

아침이 되어 욥은 마침내 고개를 들었다. 그가 있던 자리는 눈물로 흠뻑 젖어 있었다.

욥은 하늘을 우러렀다.

떨리는 목소리로 대답했다.

"주님께서 모든 일을 하실 수 있고 계획하신 모든 일을 이루실 수 있다는 걸 전, 이제야 알았어요. 그동안, 너무 기묘해서 알 수 없는 일을 잘 알지도 못하면서 내뱉었어요. 지금까진 주님에 대해 제 귀로만 들었어요. 하지만 마침내 눈으로 보았어요. 이제부터라도 재를 뒤집어쓰고 뉘우칠게요."

*

마침내 욥의 고난은 끝이 났다. 하나님은 그에게 다시 많은 자녀를 주셨다. 죽은 자녀가 살아 돌아온 것은 아니었지만, 그는 만족했다. 오랜 연단으로 순금처럼 단단해졌다. 그는 하나님을 더 깊이 알게 되었다.

욥은 아침마다 일찍 일어나 광장으로 나갔다. 젊은이들과 대화했다. 하나님께서 그들에게 지혜를 주시기를 간절히 구했다. 그가 경험한 하나님에 대해, 알게 된 하나님에 대해 말했다.

고통 받는 사람들을 찾아다녔다. 그들의 곁에 앉았다. 자신이 겪은 고난에 대해 겸손하고 진실하게 말했다. 그들의 두 손을 마주 잡으며 기도했다. 가난과 질병의 문제를 해결하기 위해 자기 집의 창고를 열었다.

많은 사람들을 만났고, 만난 사람들 모두를 진심으로 축복했다.

이제 내 차례였다. 내가 만난 욥의 이야기를 고향 친구들에게 들려주어야 할 때였다. 그런 시간이 마침내 나에게도 찾아온 것이었다.

나는 짐을 꾸리고 욥과 작별 인사를 나눴다. 결코 잊지 못할 거라고, 곁에 있어 주어 고마웠다고 그가 말했다.

아니었다. 그건 내가 할 말이었다. 욥의 집에서 일할 수 있었던 것, 같이 기도할 수 있었던 것, 하나님을 만날 수 있었던 것. 그것은 겁쟁이였던 내게 새로운 인생을 시작할 수 있는, 상상조차 못했던 '용기'를 주었다.

벌써 고향의 흙냄새가 콧잔등을 간지럽히고 있었다. 이방에서
의 삶은 분명 비록 길고 고단했다. 하지만 고향에 대한 짙은 그리
움을 깨닫게 했다. 그리고 늙어 가는 나에게 새로운 계획, 새로운
꿈을 꾸게 했다. 서둘러야 했다.

내게는 주님의 신부로서의 삶이 기다리고 있었다.

그분은 내가 가는 길을 아신다. 그분이 나를 시험하시면 내가 순
금같이 나올 것이다. 내 발이 그분의 발자취를 딛고 옆길로 새지
않았으며 그분의 길을 지켰다.

– 욥기 23:10-11

11. 나는 물고기 잡는 어부

　유월절이 시작되기 전, 화창한 날이었다. 나는 친구들과 함께 선생님을 찾아뵈었다. 선생님께서 오랜만에 함께 모여 식사하자, 초대하신 자리였다. 따뜻하고 섬세하신 선생님의 배려에 마음이 설레었다.

　3년이나 우릴 가르치셨지만 선생님은 한 번도 우릴 꾸짖으신 적이 없었다. 너무나 어처구니없는 실수에도 조용히 타이르기만 하시는 선생님을 우린 많이 따랐다. 난 선생님이 좋았고 사랑받고 싶었다. 어떻게 하면 선생님을 닮을 수 있을까 생각하고 또 생각했다.

　하지만 다혈질인 데다 지나치게 성격이 급한 나는 참으로 손이 많이 가는 제자였다. 선생님처럼 온유한 분을 만났기에 망정이지 다른 분이었다면, 3년은커녕 3일, 아니 3초도 못 버티고 쫓겨났을 것이다.

　선생님 밑에서 많은 걸 배우고 연습해 자랑스러운 수제자가 되고 싶었다. (물론 욕심일 뿐이지만) 그러나, 여전히 난 철없고 감당 안 되는, 제발 제 발로 조용히 나가 주었으면 하는 종류의 제자였을 것이다.

'넌 가만히 있는 게 도와주는 거야.'

내가 사고 칠 때마다 선생님은 지그시 웃으며 나를 바라보곤 하셨다.

선생님을 처음 만나던 날이 생각났다. 오늘처럼 햇살이 좋은 아침이었다. 그날도 난 동생과 함께 우리 가족의 어장인 갈릴리 호수에서 그물을 던지고 있었다. 어부들의 도시답게 호수엔 이미 고기잡이를 시작한 어부들로 가득했다.

바람이 강하게 불고 있었다. 근처 지역 대부분이 사막이라 '물'은 우리에게 매우 중요한 자원이었다. 호수에서 물고기를 낚는 일을 생업으로 가진다는 건 모두가 자랑스러워하는 일이었다.

게다가 난 마을에서도 잘 나가는 어부 그룹에 속했다. 운이 좋으면 100여 마리의 물고기를 낚아 올리곤 했다. 살아 숨 쉬는 생물이 필사적으로 몸부림치며, 그물에 얽히고설키어 올라오는 모습을 본다는 건 소름 끼치도록 흥미진진한 일이었다. 거대한 우주를 들어 올리는 일이었다.

하지만 어부의 삶은 고된 노동이 뒤따랐다. 그물이 찢어질 만큼 많은 고기를 잡아 돌아오는 날도 많았지만, 밤새 그물을 쳐 놓아도 한 마리도 잡지 못하는 날도 있었다. 아버지에게, 아버지의 아버지에게, 아버지의 할아버지에게 배워 하는 가업이었지만, 오래전부터 나는 세월을 허비하고 있었다.

무료함과 외로움, 넓은 호수에 떠 있는 작은 배 위에 혼자 서 있을 때의 공포, 호수가 나를 끌어당길지도 모른다는 두려움…….

호수 저편에는 끝없는 수평선이 펼쳐져 있었다. 그건 하늘과 땅이 맞닿은 경계였다. 사람도 사막의 모래도 도무지 깊이를 알 수 없는 바닷속 물고기도 태어나기 전의 '처음'이었다.

그물을 던지기 전 난 늘 수평선을 바라보곤 했었다. 어머니는 선지자들의 이야기를 들려주며 신이 사람으로 돌아올 날이 올 거라고 했다. 어머니 말대로라면 사람의 모습을 한 신은 아마도 저 수평선에 나타날 것이었다.

자연을 다스릴 수 있는 분, 자연의 진짜 주인. 언제부터인가 난 그분을 기다리고 있었다. 어머니처럼 기대하고 있었다.

- 내가 너희를 사람 낚는 어부가 되게 해 줄게.

그날, 선생님의 목소리를 들었을 때 나는 한 번도 경험하지 못한 어떤 신비한 기운을 느꼈다. 그건 어부의 직감이었다. 이분이 자연의 진짜 주인일지 모른다는 생각이 나를 사로잡았다. 망설임 없이 그물을 버렸다. 그게 선생님과의 첫 만남이었다.

*

만찬이 시작되었다. 선생님이 외투를 벗으셨다. 수건을 두르고 허리에 매셨다. 크고 깊게 파인 그릇을 가져오라고 하셨다. 물을 부으셨다. 한 사람 한 사람 우리 이름을 부르셨다. 난 모든 상황이 그저 어리둥절할 뿐이었다.

드디어 내 차례가 되었다. 하지만 사막의 먼지와 모래 알갱이로 버스럭거리는 발을 차마 내밀 수가 없었다.

"제 발을 씻기시려고요?"

나는 부끄러웠다.

선생님은 그저 빙그레 웃으셨다.

"지금은 내가 하는 일을 이해하지 못하겠지. 하지만 곧 알게 될 거야."

"안 돼요."

고개를 가로저었다. 나도 모르게 선생님의 손을 뿌리쳤다.

"더러운 발을 어떻게 내밀어요?"

선생님은 다시 웃으셨다.

"내가 너를 씻기지 않으면 우린 아무런 관계도 아니란다."

"그럼 제 손과 머리도 씻겨 주세요."

선생님께 나의 모든 것을 맡기고 싶었다. 그분의 손을 통해 새롭게 태어나고 싶었다.

선생님이 무겁게 입을 여셨다.

"이미 목욕한 사람은 발만 씻으면 된단다. 넌 깨끗하단다."

나는 그때서야 발을 내밀었다.

순간, 시원한 물의 촉감이 온몸을 적셔 왔다. 곧 선생님의 크고도 부드러운 손이 발에 닿았다. 마치 선생님과 나 사이에 뜨거운 무엇인가가 흐르는 것 같았다. 이제껏 느껴 보지 못한 이상한 감각이었다. 마치 내가 선생님의 한 부분이 된 것 같았다.

하루의 피로가 말끔히 씻겨 나가는 듯 했다. 차가운 촉감에 나는 정신이 번쩍 들었다. 늘 실수투성이여서 겪은 시행착오들, 어리석은 열정, 숯불처럼 뜨겁게 타올랐다가 빠르게 식어 버리는 지나친 패기, 나 자신에 대한 실망, 그런 내 민낯을 바라볼 때의 좌절, 모든 게 그림자 같기만 한 믿음, 게다가 선생님에 대한 의심까지. 그물에 얽혀 버린 것 같던 지난 감정들이 씻어지고 있었다.

선생님의 콧잔등에는 어느덧 땀방울이 맺혀 있었다. 제자들의 발을 하나하나 씻기는 사랑에 마음이 숙연해졌다. 내 발을 씻기는 부드러운 손을 평생 잊을 수 없을 것 같았다.

어쩌면 언젠가는 '사람을 낚는 어부'가 될 수도 있으리라는 새로운 꿈을 꾸게 되었다. 어쩌면 정말이지 어쩌면, 바위처럼 단단한 믿음으로 자연의 진짜 주인을 온몸으로 받아들일 수 있는 날이 올 것도 같았다.

앞으로 나는 얼마나 많은 사람들의 발을 씻겨야 할까.

베드로가 말했다.

"제 발은 절대로 씻기지 못합니다."

예수께서 대답하셨다.

"내가 너를 씻겨 주지 않으면 너는 나와 아무 상관이 없다."

– 요한복음 13:8

12. 나는 혈루병 걸린 여인의 동생

내가 태어나기 훨씬 전부터 누나는 이상한 병을 앓았다고 한다. 몸에서 한 번 피가 나기 시작하면 멈추지 않는 병은 그 때부터 누나의 삶을 한꺼번에 바꿔 놓았다고 한다.

스무 살.

사부작사부작 줄기를 타고 오르는 벌레들이 마른 가지를 종종거리며 올라가는 소리, 봄 햇빛이 마른 가지에 솟아오르는 새싹에게 마지막 힘을 내라고, 힘을 내서 꽃을 피우라고 속삭이는 소리. 스무 살은 분명 그 소리를 닮은 찬란한 나이일 것이다.

이제 겨우 10살인 내가 방금 막 20살이 된 누나의 빛나는 감각을 알 리 없다. 그러나 적어도 누나가 이전과는 달라졌다는 것만은 분명히 알고 있었다.

그런 게 아니라면 예수님 소문이 들릴 때마다 딸기처럼 빠알갛게 달아오르는 볼, 봄에 첫 눈을 본 사람처럼 커지는 눈동자, 내 귀에 대고 후우-후우-, 숨을 불어넣는 듯 크게 들리는 심장 소리는 다 뭐란 말인가.

해가 서산으로 꼴딱 넘어간 뒤, 친구들과 축구를 마치고 집에 돌아오던 날이었다. 마침 그날은 친구 녀석과 한바탕 몸싸움을 하고 난 뒤라 온몸이 땀범벅이 되어 있었다. 입속엔 피가 고인 건지 비린내도 조금 나고, 걸을 때마다 다리도 무척 아팠다. 9살 때였더라면 금방 울음을 터뜨렸을 것이다. 하지만 난 10살이었다.

'땅딸이 녀석. 담에 또 걸리면 아주 박살을 내 줘야지. 입술을 와락 깨물어 줘야지. 7살 때부터 나랑 3년째 단짝이면서 어디서 이상한 말을 듣고 와서는, 아주 의리도 없어.'

뒤에서 수군거리는 아줌마들은 몇 명 있었지만, 오늘처럼 누나 얘기를 앞에서 대놓고 한 녀석은 땅딸이가 처음이었다.

- 너네 누나 말이야. 얼굴이 아무리 예뻐도 몸에 그런 병이 있으면 동네 형들이 아무도 안 데려간대. 포도밭 일도 못하고 아기도 못 낳는대.

나는 녀석의 말을 떠올리다, 하늘을 향해 냅다 소리를 질렀다.

"아주 개 박살을 내 주고 말 거야."

아무 대꾸도 못하던 바보 같은 내 모습이 떠올랐다. 약이 올라 견딜 수가 없었다. 개 박살이라는 말을 계속 중얼거리며 한참을 걸었다.

그러다 보니 어느덧 누나 집 앞에 멈춰 있었다. 가족들에게 병을 옮길까 봐 재작년부터 따로 나가 살던 누나의 너무나 작은 집.

누나를 부르고 싶었다.

'걔네들이 씨부리는 게 말이 돼? 누나처럼 예쁘고 착한 사람이 일도 못하고 엄마도 못 된다는 게 말이 돼? 나한테 엄마보다 더 엄

마 같은 누나가?'

누나에게 이르기라도 해야 속이 시원할 것 같았다.

그러나 나는 밖에 가만히 서 있었다. 누나의 목소리가 집 밖으로 새어나오고 있기 때문이었다. 그건 몰래 엿듣고만 있어도 가슴이 먹먹해지는 눈물에 찬 소리였다.

"주님, 당신을 보여 주세요. 그래야 믿을 수 있을 것 같아요.

주님을 만나고 싶어요. 그래야 어두운 밤을 지낼 수 있을 것 같아요……. 어디선가 제 말을 듣고 계시긴 한 건가요?"

*

"예수가 온대요. 예수가 정오쯤에 우리 마을을 지나간대요."

윙-윙.

봄꽃 주위를 끊임없이 돌아다니는 꿀벌들이 내는 소리에 나는 번쩍 눈을 떴다. 늦잠이었다. 아침이 훨씬 지난 뒤였다. 하지만 나쁜 꿈을 꾸면서도 한마디만은 분명히 기억났다.

'정오'

분명 정오였다. 정오에 예수님이 우리 마을을 지나간다고 했다. 집 안으로 햇빛이 강하게 들어오고 있었다. 시간이 얼마 남지 않은 것 같았다. 이불을 뻥- 차고 일어났다. 세수도 하는 둥 마는 둥, 누나 집으로 곧장 달려갔다.

예수님을 만나야 할 사람은 누나였다. 지금 누나보다 더 간절하게 예수님을 기다리는 사람이 세상천지 어디에 있단 말인가.

나는 누나의 손을 잡고 성전 옆, 광장을 향해 힘껏 달렸다. 누나 손은 이미 땀에 흠뻑 젖어 있었다. 손이 자꾸 미끄러졌다. 우리는 함께 잡았던 손을 놓았다.

"각개전투!"

약속이나 한 듯 동시에 외치며, 각자 전속력으로 달렸다.

"제일 먼저 도착해야 돼, 맨 앞에 가야 예수님을 만날 수 있어."

누나가 가빠진 숨을 고르며 말했다.

"당근! 나 우리 반에서 달리기 1등인 거 누나 알잖아."

내가 대답했다.

*

광장엔 끝이 보이지 않을 만큼 많은 사람들이 모여 있었다. 오늘처럼 사람이 많은 건 처음이었다. 우리 마을뿐 아니라 옆 마을에서도 온 것 같았다.

'이 많은 사람들 속에서 단 한 번도 본 적 없는 예수님을 어찌 찾

는담.'

걱정 가득한 눈으로 누나를 바라보았다. 하지만 누나는 의외로 침착했다. 한 줌의 망설임도 없이 사람들 사이로 당당히 들어갔다. 누나라면 예수님을 찾을 수 있을지도 몰랐다. 예수님에 대한 소식이며 말씀을 하나도 빠짐없이 기억하고 있는 게 누나니까. 만나지 못했다고 해서 느낄 수 없는 건 아니니까. 나뭇가지의 색깔과 흔들림만 보고도 볕이 얼마나 뜨거운지 바람이 어느 쪽으로 불어 가는지 다 아는 게 누나니까.

"누군가 내 옷자락에 손을 대었다."

갑자기 광장 중앙에서 한 남자의 목소리가 들려왔다. 그건 이제까지 내가 알고 있는 사람의 목소리와는 너무나 달랐다. 사람이 낼 수 있는 소리라고는 상상도 할 수 없는 소리, 넓은 바다나 깊은 동굴, 흰 구름이나 노란 달에서 나는 소리였다.

"저예요, 주님의 옷자락만 닿아도 병이 나을 거 같아요."

누나는 울고 있었다. 내 발밑에 누나 눈물이 뚝뚝 떨어지는 것 같았다. 누나의 젖은 마음이 광장 전체를 울리고 있었다.

광장에 모인 모든 사람들의 눈길이 한꺼번에 누나를 향했다. 너무나 맑고 투명한 예수님의 눈빛이 누나에게 오래 머물렀다.

"딸아, 사랑하는 내 딸아. 네 믿음이 널 구원했단다. 안심하고 돌아가렴. 병에서 벗어나 건강히 지내렴."

갈색 땅이 울리는 목소리였다. 따뜻하고 촉촉한 소리였다. 부드러운 흙. 그래, 누나가 좋아하는 부드러운 흙 같은 소리였다.

나는 누나에게 걸어갔다.

예수님의 발 앞에 엎드려 두려움에 떨고 있는 누나를 뒤에서 말없이 안았다. 누나와 난 한동안 그렇게 있었다.

광장에 모인 사람들이 서서히 흩어지고 아무 일도 일어나지 않은 듯 아무 소리도 들리지 않을 때까지.

"나, 몸이 너무 가벼워. 병이, ……나은 것 같아."

한참 뒤였다.

누나가 떨리는 목소리로 말했다.

"정말? 진짜? 와아, 신난다. 와, 와아!"

나는 냅다 환호성을 질렀다.

햇빛은 누나가 있는 곳 바로 위에서 내리쬐고 있었다. 하루 중 가장 뜨거운 정오의 볕이었다.

그날 우린 그 빛살을 따라 집으로 돌아왔다.

예수께서 자신의 몸에서 능력이 나간 것을 알아차리셨다. 사람들을 돌아보며 물으셨다.

"누가 내 옷자락에 손을 대었느냐?"

– 마가복음 5:30

13. 나는 중풍병자의 친구

아론, 유다, 그리고 나, 다니엘.

우리 삼총사는 마을에서 통상 '다니엘의 두 친구'라 불리곤 했다. 나의 할아버지의 할아버지들 중에는 바벨론 시대에 포로로 잡혀간 분이 계셨다. 그 할아버지는 다니엘과 세 친구들의 활약상을 직접 본 분이었는데, 이후로 우리 집에서는 대대로 그 이야기가 전해지곤 했다.

내가 태어났을 때도 할아버지는 마침 다니엘 선지자의 이야기를 하고 계셨다. 할아버지의 할아버지에게서 들은 이야기를 몇 배아니, 몇 십 배, 몇 백 배, 부풀려 흥미진진하게 각색된 이야기였는데, 마침 결정적인 대목에서 엄마의 진통이 시작되었다.

- 분명 엄청난 아이가 태어날 거야. 이번에야말로 다니엘 선지자를 꼭 닮은 아이인 게 틀림없어.

나는 그렇게 할아버지의 기대를 받으며 태어났다. 이름도 당연 '다니엘'로 지어졌다. 하지만 10대가 되었을 때, 난 진짜 '다니엘'을 만났다.

그는 다름 아닌 '아론'이었다. 그 사이 아론에겐 많은 일이 있었다. 아론의 아버지가 전염병에 걸려 돌아가셨고 그는 고통 속에서 진짜 하나님 아버지를 만났다. 아론은 분명 다른 사람이 되어 있었다. 세상에 속한 사람이 아닌 듯했다.

예배 중 기도 시간에 유다와 난, 눈을 게슴츠레하게 뜨고 서로를 바라보며 웃곤 했다. 하지만 아론은 아니었다. 아론이 대표 기도를 할 때면 너무 진지해서 지루하기까지 했다.

- 야, 아론! 너 왜 그래. 니가 그러면 우린 뭐가 되냐?

유다와 난 곧잘 아론을 놀렸다. 나는 그때 '영적인 변화'라는 게 무엇인지 몰랐다. 안식일엔 늘 깨끗한 옷을 입고 성전에 가고 설교 시간엔 옆에 앉은 친구들과 조금씩 장난을 쳤다. 그러다 한두 번 선생님께 혼났다. 그게 당연하다고 생각했다. 아론처럼 진지하고 엄숙하고 그런 건 그냥 이상했다.

- 난 선지자들이 예언한 주님을 만날 거야, 그땐 모든 것을 버리고 그 분을 따를 거야.

- 뭐래…….

유다와 나는 멋쩍게 웃었다.

나는 아론이, 아버지의 죽음으로 인생의 큰 전환점을 맞았다는 걸 어렴풋이 알 수 있었다. 하지만 그 정도였다. 아론이 세상에 대해 비뚤어지지 않은 것만으로도 다행이라고 생각했다.

- 근데 아론, 너 삼총사는 계속 할 거지?

- 그러엄. 내가 니들을 얼마나 좋아하는데.

그래도 난 아론이 왠지, 우리와는 조금 다른 사람이 되어 가는 것 같아 조금 섭섭했다.

시간이 흐르고 우린 어느덧 30대가 되었다. 인생에서 30대를 살아간다는 건 쉬운 일이 아니었다. 아론처럼 진짜 하나님을 만나야 할 때가 내게도 다가오는가 싶을 정도로 우여곡절이 많았다.

아론의 지난 행동들이 점점 이해되기 시작했다. 하나님을 만났던 그의 모습이 떠오르며, 여전히 하나님과 데면데면한 내 모습이 부끄러웠다. 그리고 때로는 우정을 넘어 존경스러운 눈으로 아론을 바라보게 되었다. 아론을 조금씩 사랑하게 되었다.

*

'어떻게 아론에게……'

폭염이 계속되던 지난 여름, 아론이 중풍으로 쓰러졌다는 소식을 들었을 때 나는 도저히 마음을 추스를 수가 없었다. 병문안을 갈 엄두조차 나지 않았다.

'위로나 격려, 병 낫기를 구하는 기도 따위가 대체 무슨 소용이란 말인가.'

생각했다. 이렇게 터무니없이 무너지는 게 삶인데, 아무것도 할 수 없는 게 인생인데 말이다.

'아론이 병에 걸리지만 않았어도 얼마나 좋았을까. 아론과 유다, 그리고 나. 지금이야말로 뭔가 멋진 일을 할 수 있을 텐데.'

나는 좌절했다. 오랜 시간 뜬 눈으로 밤을 새우는 날이 많았다. 깊은 병에 걸린 아론을 도저히 만날 용기가 없었다. 아는 사람들을 통해 안부만 간간히 전해 듣고 있었다.

예수님을 만나기 전까지는, 예수님이 우리가 사는 가버나움에 오신다는 소식을 듣기 전까지는 말이다.

예수님 소식을 들었을 때 난 금세 아론을 떠올렸다. 집회에 아론을 무조건 데려가야겠다고 생각했다. 예수님이라면 아론의 병을 고칠 수 있을 것이라 생각했다.

난 먼저, 유다에게 달려갔다. 아론을 침대를 눕혀서라도, 집회가 열리는 성도의 집으로 데려가자고 할 작정이었다. 반드시 아론을 예수님 앞으로 데려가겠다고 결심했다.

우리 삼총사는 드디어 집회에 도착했다. 하지만 사람들이 너무 많았다. 사이를 헤집고 안으로 들어갈 수가 없었다.

그때였다.

언제나 눈치가 빠른 유다가 소리를 질렀다.

"앗, 지붕!"

그랬다. 우리 마을은 석회암 지대여서 돌집이 많았다. 벽을 돌로 쌓고, 지붕을 진흙으로 발라 짓는 게 특징이었다. 그러니까 결론적으로 말하자면, 지붕이 진흙이었다.

이 집도 같은 구조였다. 뽕나무 가지로 만든 대들보를 가로로 깔고 종려나무 가지를 세로로 깐, 전형적인 전통 집이었다. 그 위에 비나 눈이 올 때를 대비해 지붕 위에 얇게 진흙만 발라 놓았던 것이다.

"지붕에 올라가 손으로 흙을 긁어. 뚫린 사이로 아론을 침대째 내리면 되고."

금손 유다가 소리쳤다.

역시!

유다는 이 집을 지을 때도 목수로 참여했었다. 그는 어느 쪽 흙이 무른지도 자세히 알고 있었다.

드디어 유다가 조심조심 지붕으로 올라갔다.

덩치가 산만 해서 손으로 흙을 파기도 전에 지붕이 내려앉을 것만 같았다. 불안, 불안했다. 목이 바짝 말랐다.

"야, 조심해. 힘 조절이 중요하다고."

내가 소리쳤다.

"걱정 마, 내가 너냐? 난 전문가라고."

유다는 자신만만했다.

"저 놈의 허세, 조심!"

내가 말했다.

"거참, 조용히 좀 하셔."

유다의 말이 끝나자마자, 드디어 지붕이 벗겨졌다.

집 안에 있던 사람들의 눈길이 일제히 나에게로 쏠렸다.

'아, 정말 쥐구멍이란 이럴 때 필요한가 보다. 부끄럽고 민망하고 곤혹스럽고, 멀쩡한 남의 지붕을 뜯어 놓았으니 뒷감당은 또 어찌할 것인가.'

그러거나 말거나 우리는 그렇게 예수님 바로 앞에까지 갈 수 있었다.

'예수님, 아론의 병을 고쳐 주세요. 저희는 예수님이 고쳐 주시리라 믿어요.'

간절한 눈빛으로 예수님을 바라봤다.

주님은 고개를 끄덕였다. 우리가 마음속으로 드린 기도를 다 들으신 것 같았다.

주님의 입술이 아론에게로 향했다.

"아론, 사랑하는 아론아! 일어나렴. 네 침상을 들고 집으로 가렴."

순간, 아론의 눈빛이 흔들렸다. 아론은 온 힘을 다해 움직여 보려고 애썼다. 몇 번을 그렇게 하던 아론은 마침내 손가락을 꿈틀거렸다. 그러다가 곧, 온몸을 흔들었다.

"움직인다, 움직여."

누군가가 소리쳤다.

아론은 있는 힘을 다해 다리에 힘을 주었다.

아론이,

……일어섰다.

"와아!"

사람들의 함성이 온 마을이 떠나갈 듯 울렸다.

아론이 고개를 숙여 예수님께 감사를 드렸다.

유다와 나는 약속이나 한 듯, 예수님께 달려가 안겼다.

"난 너희들의 믿음을 봤단다."

주님이 말씀하셨다.

나는 주님을 더 세게 끌어안았다.

사람들은 아직도 어리둥절해하고 있었다. 뜯어진 지붕을 바라보며 곤혹스러워하는 사람도 있었다. 하지만 아론과 유다 그리고 나는 이미 다른 세계에 있었다. 새로운 삶이 펼쳐지고 있다는 걸, 우리는 알고 있었다.

유다가 말했다.

"아론, 다시 회당에 예배드리러 갈 수 있어. 우리 삼총사라면 못할 일이 없을 거야."

이번엔 내가 거들었다.

"물론, 자매들은 잘생긴 데다 몸도 좋은 너만 쳐다보겠지. 하지만 뭐, 씁. 괜찮아. 우리도 너랑 다니면 좀 으쓱하거든."

유다가 말했다.

"그래 뭐, 미모 아론이 어디 가겠냐? 게다가 신앙까지. 다 가졌다, 다."

내가 말했다.

"일단 우리 예수님부터 따라가자. 아론, 너 예수님 따라가는 게 소원이랬지?"

아론의 눈은 이미 촉촉하게 젖어 있었다.

"응……"

*

"예수님! 같이 가요."

우리는 이미 서너 걸음 앞서가시는 주님께 소리쳤다. 주님이 뒤를 돌아보셨을 때, 두 손으로 나팔을 만들어 온 마을이 떠나가도록 소리를 질렀다.

'걸음은 또 왜 이렇게 빠르셔.'

우린 중얼거리며 달리기 시작했다.

드디어 우린 기도의 용사, 자칭 '다니엘과 두 친구'가 되었다.

예수께서 중풍병자에게 말씀하셨다.

"일어나 네 침상을 가지고 집으로 가거라."

그러자 그는 사람들 앞에서 일어나, 침상을 들고 하나님을 찬양
하며 자기 집으로 돌아갔다.

- 누가복음 5:24-25

14. 난 물고기 두 마리와 보리빵 다섯 개를 드린 소년

　부엌에서 풍기는 고소한 냄새에 눈을 떴다. 아직 새벽이었다. 하지만 엄마는 벌써 아침 준비를 하고 있었다.

　"좀 더 자렴. 두어 시간은 걸어가야 할 텐데."

　엄마가 말했다.

　나는 잠이 덜 깬 눈을 비볐다. 엄마의 뒷모습이 보였다.

　"집회가 길어질지도 모르니, 도시락을 가져가렴."

　엄마의 따뜻한 마음이 전해졌다. 눈물이 핑 돌았다. 보자기에는 바다 냄새가 비릿하게 풍기는 물고기 두 마리와, 방금 솥에서 푹 쪄내 아직도 김이 모락모락 나는 보리 빵 다섯 개가 놓여 있었다.

　"친구들이랑 나눠 먹으렴."

　엄마가 보자기 매듭을 지으며 말했다.

　보리빵은 작년에 추수한 보리를 가루로 만들어 특별한 날에 해 먹는 음식이었다. 게다가 물고기 두 마리는 집에 남아 있는 것 전부였다.

　바람이 쌀쌀했다. 안개가 자욱한 날이었다. 세례 요한이 잡혀갔다는 소식은 마을 전체에 태풍을 몰고 왔다. 그래서인지 이번 유월절을 준비하는 사람들의 마음은 호수에 잠긴 듯 깊이 가라앉아 있었다.

하지만 회당에서 예수님 소식을 들었을 때, 내 마음속에는 찌릿한 소름이 돋았다. 바닷물이 발목을 적실 때의 느낌 같은.

- 이번 유월절에 예수님이 갈릴리 호수 북서쪽을 지나가신 댄다.

주일 학교 선생님의 말이 생각났다.

- 정말요?

신이 났다.

'그렇게 오랫동안 마음속에서 그리고 지우기를 반복했던 예수님이 우리 집에서 두어 시간이면 닿는 곳을 지나가신다고?'

가슴이 벅찼다. 머릿속에 번개가 치는 것 같았다.

예수님이라면 내 마음을 아실 것 같았다. 올해가 지나면 졸업이었다. 13살이 되는 새해부터는 랍비를 찾아 고등 과정을 공부해야 했다. 하지만 나처럼 가정 형편이 어려운 아이들은 소작농으로 밀 농사를 짓거나, 올리브 농장에서 품꾼으로 일하는 수밖에 없었다.

초등학교, 중학교 내내 반장으로 섬겼고 수업 시간엔 유독 눈이 반짝거렸다. 가슴이 설렜다. 성경 시간엔 길고 달콤한 꿈을 꾸듯 행복했다. 레위기의 법이며 열 왕들의 계보, 다윗왕의 시는 하나도 빠짐없이 줄줄 외웠다. 멋진 성경 선생님이 되고 싶었다.

하지만 가정 형편이 넉넉하지 않았다. 아빠는 재작년 봄부터 허리를 다쳐 일을 할 수 없었고 동생들은 아직 어렸다. 그나마 엄마가 갈릴리 호수에서 그물 정리하는 일을 하는 덕에 겨우 물고기 몇 마리를 가져올 수 있었다.

호수를 둘러싸고 있는 해변 길을 걸으면서 나는 생각에 잠겼다. 12살이라는 나이는 뜨거움이 넘치는 나이고, 하고 싶은 것도 많았다. 인자한 랍비를 찾아 떠난 친구들이 부러웠다.

미래를 생각하면 어깨가 자주 움츠러들었다. 너무 많은 생각이 머릿속을 훑고 지나갔다. 잠시 걸음을 멈추었다.

그때였다.

멀리 호수가 있는 쪽에서 뜨거운 해가 솟아오르고 있었다. 호수에서 고기잡이를 하고 있던 배가 하나 둘 보이기 시작했다. 그들도 밤새 해가 뜨기만을 기다리고 있었나 보았다.

'그렇게 고대하던 일출을 보게 되다니!'

나도 모르게 탄성이 나왔다.

'우리 마을이 이렇게 아름다운 곳이었나?'

더 일찍 알지 못한 게 후회되었다.

나는 발걸음을 재촉했다. 경보 선수처럼 몸을 좌우로 흔들며 걷다가, 마침내 뛰기 시작했다. 지금 이대로라면 예수님이 오시는 곳까지 얼마 남지 않았다. 한 시간 뒤면 충분히 도착할 수 있을 것 같다. 나는 제일 먼저 그 곳에 도착하고 싶었다.

광장에 사람들이 하나둘씩 모이기 시작했다. 눈이 보이지 않는 사람들, 한쪽 다리를 저는 사람들, 불편한 몸으로 가족들의 부축을 받는 사람들, 노숙자들, 걸인들, 젖먹이 아이를 등에 업고 온 아주머니들도 있었다. 그들도 나처럼 어젯밤 내내 마음이 설레어 몸을 뒤척였을 것이다.

예수님의 말씀은 새롭고 신기했다. 어떻게 시간이 지나가는지 몰랐다. 볼이 붉게 상기되었고 심장은 뜨겁게 달아올랐다.

말씀이 끝나고 주님께서 아픈 사람들을 위해 기도해 주셨다. 눈이 멀어 지팡이를 의지했던 아저씨가 눈을 뜨고, 다리를 절던 농부가 뛰게 되는 장면이 눈앞에서 펼쳐졌다.

'이런 곳이 천국이구나. 천국에 산다는 건 날마다 이런 일을 보는 거구나.'

생각했다.

불과 몇 시간밖에 지나지 않았는데, 이곳에서는 몇 십 년이 지나고 있는 것 같았다. 어른이 되고 노인이 되는 것처럼 전에는 생각도 할 수 없던 것들, 상상할 수도 없던 일들이 바로 앞에서 생생하게 벌어지고 있었다.

나는 마침내 성경 시간에 글로만 배웠던 것들을 가슴으로 깨닫게 되었다. 꿈꾸게 되었다.

사위가 점점 뜨거워지고 있었다. 점심 무렵인 듯했다. 노란 태양은 멀리 보이는 산 정상까지 올라가 있었다. 그러나 주님의 기도는 멈추지 않았다. 사람들은 계속해서 말씀을 듣고 싶었고, 낫고 싶었고, 무엇보다 주님과 함께 있고 싶어 했다.

배에서 꼬르륵 소리가 났다. 하지만 이 많은 사람들이 점심으로 마땅히 먹을 음식이 없었다. 마을에서 멀리 떨어진 곳이라 먹거리를 구하기도 어려울 것 같았다.

제자들은 고민에 빠진 듯했다. 주위를 둘러보았다. 누구도 음식을 준비해 온 것 같지 않았다. 나는 가방에서 도시락을 꺼냈다.

'물고기 두 마리와 보리빵 다섯 개라니.'

사람들과 나눠 먹기엔 너무 부족했다.

그래도 제자들에게 도시락을 들고 갔다.

"너무 적지요?"

말끝이 흐려졌다.

하지만 제자들은 아무 말 없이 그걸 예수님께 가져갔다.

예수님은 바위 위에 물고기 두 마리와 보리빵 다섯 개를 올려놓으셨다. 기도하셨다.

제자 중 한 사람이 내가 있는 쪽으로 돌아왔다. 광주리에 보리빵과 물고기를 넣고, 광장 첫 줄 오른쪽 사람에게 주었다. 먹을 만큼 집고 옆 사람에게 주라고 말했다.

'어른 두어 사람 양밖에 안 될 텐데.'

셋째 줄 왼쪽 끝에 앉은 나까지 먹을 수 있을 리 없었다. 그런데 광주리는 계속 옆 사람에게로 옆 사람에게로 건네지고 있었다. 마침내 나에게까지 광주리가 왔을 때, 나는 그만 소리를 지르고 말았다. 아직도 광주리에는 보리빵과 물고기가 가득했던 것이다.

"어떻게 이런 일이."

믿을 수가 없었다. 이렇게 많은 사람들이 배부르게 먹었는데도 줄지 않는 물고기와 빵.

순간, 마음속에서 '감사'가 터져 나왔다. 가난한 살림에도 도시락을 준비해 준 엄마께 감사했고, 부족한 도시락을 풍성하게 채워 주신 주님께 감사했다.

이 기적을 함께 볼 수 있는 사람들이 있어 너무 감사했다. 오늘 걸어오면서 보았던 갈릴리 호수 해안 길, 일출의 풍경, 뛸 수 있는 건강한 몸, 가족이 기다리는 집, 졸업 후 할 수 있는 일.

'왜, 그동안 감사하지 못했을까.'

12살의 열정은 가난한 삶을 불평으로 가득하게 했었다. 하지만 계속 불평만 하며 살아갈 수는 없었다. 어른이 되면 더 어렵고 힘든 삶이 기다리고 있을지 모른다. 더 가난하고 외로운 일들이 얼마든지 생길 수 있을지도. 그럴 때마다 주님께 더 가까이 나가지 못한다면, 결코 믿음의 삶을 살아갈 수 없을 것이다.

나는 생선 가시 하나를 가방에 넣었다. 이 가시가 감사의 흔적이 될 수도 있기에, 영원히 썩지 않으면 좋겠다고 생각했다. 지치고 힘들 때마다 가시를 보며 감사를 떠올려야지 다짐했다.

'예수님은 도대체 어떤 분일까? 오늘 일을 가족들이 믿어 줄까? 내 도시락으로 이 많은 사람이 먹고도 남았다는 걸 엄마가 믿을까?'

어느새 가슴 속에서 다시 꿈이 솟아나고 있었다.

비록 소작농으로 밀농사를 짓거나 품꾼이 된다 해도, 다가올 미래가 마냥 어둡지만은 않을 것 같았다. 예수님이 계시기만 하면, 오늘 주님의 말씀을 기억한다면, 배움에 목마른 날이 와도 '이런 날도 있겠거니' 하며 넘어갈 수 있을 것 같았다.

내 생각과 계획이 세상의 전부가 아닐 수도 있다는 것. 그래서 어떤 상황에도 오늘처럼 하루하루를 기적같이 살아가면 된다는 걸, 나는 비로소 깨달을 수 있었다.

가난한 사람들이 기쁜 소식을 듣고, 상한 마음이 부드러운 천으로 싸매지고, 포로 된 사람이 자유롭게 되고, 갇힌 사람이 풀려나는 일, 슬퍼하는 사람들이 꽃으로 만든 모자를 쓰고, 기쁨으로 만든 기름을 바르는 일, 찬송이 마음에 가득 차는 일.

언제쯤이면, 도대체 언제가 되면 그런 일들이 일어날까 싶던 이사야 선지자의 예언도 믿을 수 있을 것 같았다.

나는 주님께 눈을 맞췄다.

'제가 어리석었어요. 제가 이래요. 그래도 오늘, 진짜 신났어요. 주님의 기도를 평생 기억하며 살아갈게요.'

기도했다.

앞으로 어떤 일을 하든, 주님은 넘치게 주는 분이라는 것을 기억하겠다고, 내 삶이 막히는 순간엔, 모든 게 동굴처럼 캄캄해서 외로워지는 날엔, 오늘 같은 멋진 일 내 인생의 기적을 꼭 떠올리겠다고 생각했다.

나는 계속 주님의 눈을 바라보며 기도했다.

지금은 비록 주님께 물고기 두 마리와 보리빵 다섯 개밖에 드리지 못하지만, 더 커서 주님을 만날 때는 나의 전부를, 내가 가진 모든 것을, 몸을, 마음을, 원래 주님 것인 나의 소중한 영혼을 드리겠다고. 그렇게 할 수 있도록 열심히 살겠다고……

태양은 어느덧 머리 위에까지 다가와 있었다. 나보다 몸집이 훨씬 큰 그림자가 땅에 만들어지고 있었다.

나는 그 그림자를 따라 집으로 돌아왔다.

예수께서 사람들에게 풀밭에 앉으라고 말씀하셨다. 빵 다섯 개와 물고기 두 마리를 들고 하늘을 우러러 감사 기도를 드리신 뒤 빵을 떼셨다. 빵조각을 제자들에게 나눠 주셨다. 제자들은 사람들에게 나눠 주었다. 5천명이 먹고도 남았다.

– 마태복음 14:19

15. 나는 여인이 탄 꽃가마

나는 꽃가마예요. 사람들은 화려하게 장식한 내가 지나가면, 하던 일을 멈추고 정신없이 나를 쳐다보기 바빠요. 그런 사내들의 음욕이 내 가슴에 꽂히면 나는 조금 불안해져요. 그들의 눈빛이 내 주인의 치마 속에 가 닿고 그들의 손끝은 이미 반쯤 애무를 한 뒤이니까요.

어쩌면 내 주인도 붉은 베일로 가려진 꽃가마 속에서 모든 광경을 지켜보고 있는지 몰라요. 이렇게 소란한 나들이를 하고 돌아오면, 남자들이 더 많이 찾아오곤 하니까요.

사람들은 그녀를 손가락질해요. 창녀라며 욕해요. 하지만 몸으로는 그녀를 원하고 있다는 걸 나는 알아요. 꽃가마니까 모를 리가 없지요.

세상이 모두 캄캄하게 잠든 밤이 되면 그녀의 집에는 주홍색 등이 걸려요. 폭설이 쏟아지거나 바람이 강하게 부는 날은 등이 떨어질까 봐, 처마에 줄을 감아 튼튼하게 달아 놓지요.

사내들은 불나방처럼 주홍색 등 주위로 모여들어요. 정욕에 불타던 눈을 나는 딱 한 번 정면으로 마주 본 적이 있어요. 그건 어둠

속의 뱀을 쏘아보는, 짐승의 눈이었어요.

달빛이 빛나는 밤. 마당에 서 있으면 비스듬히 열린 문틈으로 그녀의 벗은 몸이 보여요. 기름병처럼 가늘고 긴 몸예요. 그녀는 언제부터 자기를 사랑하는 법을 잊어버린 걸까요. 뾰족한 창을 자기 가슴에 겨누고 달리는 사람들처럼, 아무 남자의 품으로 자기를 던져 버리는 일에 익숙해진 걸까요. 쏟아지던 빗줄기처럼 순간의 쾌감이 지나가면 또다시 혼자가 될 것이 분명한데도 말예요.

오늘도 그녀는 정사를 끝낸 뒤 상처 입은 짐승이 돼요. 쾌락에 몸을 맡긴 채, 황량한 벌판으로 나가고 싶어 하는 어린 사슴 같아요. 하룻밤 정사를 나누려고 돈을 들고 온 남자에게 인생을 거는 여자. 그 무모함이 나를 너무나 슬프게 만들어요. 하필이면 그녀는 내가 사랑하는 사람이니까요.

난 계절이 바뀔 때마다 그녀를 태우고 숲과 강가를 다녀요. 요리가 맛있는 집을 찾아가 따뜻하고 정갈한 음식을 먹어요. 고운 비단을 파는 시장에 다니며 몸에 맞는 옷감을 함께 고르지요.

주인을 위해 할 수 있는 일이라면 정말 무엇이든 하고 싶어요. 제발, 그녀의 외로운 눈빛을 사라지게 할 수만 있다면 말예요. 하지만 아무 소용이 없어요. 그녀는 남자를 보면 외로워하고 외로워지면 그들을 가까이 하니까요.

'몸은 얼마든지 괜찮아요. 하지만 마음만은, 영혼만은 누구에게도 주지 말아요. 이 약속만 지켜 준다면 당신 옆에서 말없는 꽃가

마로 영원히 남아 있을게요.'

그녀의 방에 남자들이 들어갈 때, 나는 묵묵히 마당에 서서 이런 마음을 내뱉곤 해요. 언젠가는 이 마음이 목소리가 되어 그녀에게 간절히 닿기를 바라면서 말예요.

만약 그녀의 영혼을 진심으로 사랑하는 한 사람을 만날 수만 있다면, 그래서 메마른 영혼을 흠뻑 적셔 줄 수 있다면, 그때 나는 창녀를 태우고 다니는 꽃가마가 아닌, 신랑에게로 가는 신부의 꽃가마가 되겠지요.

눈보라가 몰아치는 어느 날이었어요. 갑자기 주위가 소란스러워지더니, 한 무리의 사람들이 화가 잔뜩 난 사자처럼 숨을 몰아쉬며 나에게 다가왔어요. 내 몸을 덮고 있는 꽃을 뽑아 모두 짓이기더니 나의 두 팔과 다리를 도끼로 찍기까지 했어요.

그들은 그녀의 집으로 들어갔어요. 방으로 곧장 들어가더니 그녀의 고운 옷을 모조리 찢기 시작했어요. 그녀의 모든 것을 무너뜨렸어요.

- 이 여자를 당장 죽여 버립시다. 이 더러운 여자만 없다면 우리가 유혹에 넘어갈 리 없지. 마을에서 영영 쫓아 버립시다.

그들은 어젯밤까지 그녀와 정사를 나누던 남자들이었어요. 정욕을 채우고 난 뒤엔 그녀가 쓸모없어졌겠지요. 충동의 뒤끝에 숨어 있는 수치심과 죄책감 때문에 고통스러웠겠지요. 모든 것이 그녀의 책임인 양 욕을 퍼부어 대는 것이겠지요.

*

그녀는 또다시 혼자가 됐어요. 그런 그녀를 나는 하염없이 바라보고 있어요. 그녀의 눈빛은 누군가와 간절히 '사랑'을 나누고 싶다고 말해요. 이젠 그 사랑이 빈 껍질 같은 몸이 아니라는 사실을 깨달아야 할 시간이 다가오고 있는 거겠지요.

사람들의 발에 채이고 찢긴 몸으로 허우적대던 그녀는 겨우 겨우 기어서 나무 옆에 있는 우물가로 가요. 그러다 그만 힘없이 쓰러져요. 나는 안타까운 마음으로 가슴이 타들어갈 것 같아요.

어떻게 해서라도 그녀의 입술에 한 방울의 물을 가져다주고 싶어요. 결코, 억울하고 비참하게 죽어 가는 그녀를 그냥 보고만 있을 수는 없어요.

내 몸도 거의 다 부서졌어요. 하루아침에 쓸모없는 나무토막이 되어 버리고 말았어요. 하지만 숨을 가쁘게 몰아쉬는 그녀를 바라보는 아픔에 비할 수 있을까요? 이렇게 가까이 있는데, 나는 그녀에게 아무 것도 해 줄 수가 없다니요.

그런데, 그때였어요.

슬픈 내 마음이 하늘에라도 닿은 것일까요? 따뜻하고 부드러운 바람에 실려 어디선가 아름다운 목소리가 들려오고 있었어요.

"내가 주는 물을 마시면 영원히 목마르지 않을 거예요. 이 물은 가슴 속에서 영원히 솟아나는 샘물이 될 거예요.”

샘물…….

그 물을 그녀에게 가져다주고 싶어요. 한 모금의 물이라도 마시게 한다면, 그녀가 살아날 것 같아요. 더 이상 사람의 사랑에 목말라 울지 않을 것 같아요.

나는 마지막 용기를 낼 거예요. 있는 힘을 다해 몸을 움직여 물가로 갈 거예요.

‘아, 샘물을 그녀의 입술에 축일 수만 있다면’

내가 주는 물을 마시는 사람은 영원히 목마르지 않을 것이다.
내가 주는 물은 계속 솟아올라 영생에 이르게 하는 샘물이 될 것이다.

- 요한복음 4:14

16. 나는 간음하다 잡힌 사람

나는 태어날 때부터 아버지가 없는 아이였다. 어머니도 없었다. 형제도 없었다. 주변에 아는 사람은 하나도 없었다. 어린 시절엔 내내 겨울이었다. 외로움이 바람처럼 차갑게 매일 밤마다 불어 닥쳤다.

그렇게 나도 모르게 어른이 되었다. 필요한 것을 사기 위해 돈을 벌어야 했다. 모든 게 막막했다. 사람들을 어떻게 만나야 하고, 어떻게 사귀어야 하는지 알 수 없었다. 두려움에 떨고 있는 내 말에 아무도 귀 기울여 주지 않았다. 아무도 내게 관심을 가지지 않았다.

하루 종일 아무것도 할 수 없었다. 당장 먹을 빵과 마실 것도, 밖에 나갈 때 입을 겉옷 한 벌도 없었다. 나는 사람들이 두려워 숨었다. 그렇게 세상에서 혼자가 되었다.

그때 내가 만난 사람이 양아버지였다.

- 이쁘장하게 생긴 아이가 맨날 혼자구나. 가엾어라. 우리 집에 올래?

그는 여자들을 모으고 손님을 맞아 매음(賣淫)을 하는 사람이었다. 나는 유곽 주인인 그의 호감을 받아들였다.

- 싫으면 안 와도 돼.

양아버지는 늘 그렇게 말했다. 하지만 거절할 수 없었다. 사람에게 거절당하는 일이 얼마나 아픈 일인지 난 알고 있었다. 누군가에게 거절당할 때마다 내 몸에서 물이 빠져 나가고 뼈가 무너지는 느낌이 들곤 했었다. 아픔을 알고 있으면서 다른 사람에게 그렇게 할 수 없었다.

한때 나는 육체의 쾌락에 빠진 적이 있었다. 남자들에게 안겨있으면 세상이 모두 멈춘 것처럼 마음이 고요했다. 그들의 단단한 뼈와 살 냄새는 '사랑'으로 속을 만큼 향기로웠다. 그 냄새에 오래 머물고 싶었다. 나는 아주 오래 그걸 즐겼다.

하지만 착각이었다. 조금 전까지도 너무나 강하고 아름다워 완벽한 조각품처럼 보였던 상대의 몸. 하지만 관계가 끝나면, 죽은 동물의 껍질처럼 추악하게 부서졌다. 발가벗은 나의 몸도 마찬가지였다.

'이 감정의 정체가 뭘까…….'

그랬다.

그건 죄책감이었다.

양아버지 집 앞엔 향초 가게가 있었다. 가게 주인인 할머니는 마주칠 때마다 상냥하게 말했다.

- 아침에 와요. 초 만드는 법 가르쳐 줄게.

향기 나는 초를 시장에 팔면 돈을 모을 수 있고, 유곽을 나가 살 수 있다고 했다.

밤일을 마친 뒤, 아침에 일어나는 일은 나 같은 직업을 가진 여자들에겐 너무나 힘들었다. 나도 이곳에서 나가고 싶었다. 낮에 일하고 밤에 잠들며 살고 싶었다. 아내가 있는 남자들의 하룻밤 유흥거리가 되고 싶지 않았다.

지난 밤 늦은 저녁부터 오늘 새벽까지 손님을 맞았다. 오후까지 충분히 자 두어야 했다. 그래야 밤부터 다음날 새벽까지 일할 수 있었다. 오전은 쉴 수 있는 유일한 시간이었다.

하지만 가끔 할머니가 생각나는 날이 있었다. 며칠 동안 생각에 잠겼다가 나는 마침내 용기를 내었다. 향초 만드는 법을 배워 유곽을 나가야겠다고 말이다.

세 번째 시도했을 때였다. 아침에 눈을 떴고, 잠을 깨려고 최선을 다해 몸을 꿈틀거렸다. 발가락 하나하나에 힘을 주어 움직였다. 무릎과 허벅지를 타고 올라오는 실핏줄 같은 작은 힘을 허리에서 심장으로, 머리로 끌어올렸다. 깊이 잠들어 있는 영혼 한 점이라도 건드리고 싶었다. 몸부림쳤다.

마침내 나는 있는 힘을 다해 자리에서 일어났다. 한참 동안 앉아 있었다. 가까스로 무릎을 꿇고 엎드려 중얼거렸다.

'일어나고 싶어'

온몸을 두드려 맞은 것처럼 몸이 무거웠다. 답답한 공기가 나를

짓눌렀다. 어젯밤 새벽까지 남자에게 시달린 몸은 이미 내 것이
아니었다. 온몸에 구멍이 뻥, 뚫려 있는 것 같았다.

　누군가 목을 강하게 조르는 것 같았다. 지옥 같았다. 차라리 지
옥으로 가고 싶었다. 사악한 악마에게라도 가서 깨워 달라고 빌고
싶었다. 새벽 늦게야 일이 끝나는 유곽에서, 아침은 한밤중이나
마찬가지였던 것이다. 폭격을 맞은 마을처럼 무서운 침묵이 흐르
는 시간이었다.

　나는 겨우 겨우 기어서 부엌으로 내려갔다. 간신히 물 한 모금
을 마셨다. 어젯밤 누군가 베어 먹다 남겨둔 빵 한 조각을 씹었다.
살 것 같았다. 조금 숨이 쉬어졌다. 하지만 그 자리에 엎드려 쓰러
지고 말았다.

　그날 저녁에 사거리에 나갔다가 우연히 할머니를 만났다.

　- 내가 유곽 문을 두드려 줄게. 문 두드리는 소릴 들으면 일어날
수 있을 거유.

*

'똑 똑, 똑 또옥.'

　그렇게 할머니의 방문이 계속되었다. 마침내 일주일째 되는 날

아침이었다. 나는 마치 빗물이 마른 땅을 톡, 톡 두드리는 듯한 그 소리에 눈을 떴다.

다행이었다. 몸이 많이 무겁지 않았다. 지난날처럼 비를 흠뻑 맞은 듯 가위에 눌리지도 않았다. 나는 침대 옆 탁자에 놓아둔 물을 마시고 문으로 걸어갔다.

- 고맙습니다.

할머니를 만난 순간, 눈물이 복받쳐 올라왔다.

할머니는 아무 말 없이 내 어깨를 감싸 주었다. 유곽에서 향초 가게까지는 채 스무 걸음이 되지 않았다. 하지만 내 머릿속엔 많은 생각이 오고 갔다.

세상 사람들은 나를 무시하고 하찮게 대하는 것을 당연하게 생각했다. 나 역시 날 쓸모없는 사람으로 생각하고 있었다. 하지만 할머닌 달랐다. 나를 아끼고 소중히 여겨 주었다.

- 만들어 보면 알 거유. 세상 하나밖에 없는 향초가 얼마나 소중한지. 심지가 불꽃에 타 들어가는 것마저 안쓰럽거든. 아가씨도 그렇다우. 아가씨 몸에서 나는 향긋한 냄새. 그걸 만든 분이 있지. 어쩜, 눈매도 이렇게 예쁠고.

그날부터 나는 할머니 가게에서 향초 만드는 법을 배웠다. 먼저 콩이 들어간 왁스를 녹이는 방법부터 배웠다. 큰 냄비에 물을 적당히 넣고, 그 안에 다시 왁스가 담긴 작은 그릇을 넣어 끓이는 방식이었다.

향초를 만드는 일은 왁스의 온도를 정확히 맞추어야 하는 점이 까다로웠다. 게다가 재료의 비율도 중요했다.

할머니 집에는 왁스, 양초 심지, 말린 오렌지 조각, 계피, 삼베 끈, 유리병 등 다양한 재료가 있었다. 그리고 병에 붙여 장식할 갖가지 나뭇잎과 꽃들이 바람에 잘 말려져 있었다. 내가 원하는 것을 마음껏 골라 장식할 수 있었다.

유리병에 양초 심지를 꽂아 고정하는 일은 쉽지 않았다. 심지를 꽂을 땐, 왁스를 부어도 떠오르지 않도록 풀을 사용하였다. 거기에 계피 막대를 같이 꽂아 주면 훨씬 좋은 냄새가 났다.

유리병에 녹은 왁스를 천천히 부어 주는 것도 중요했다. 빠르게 부으면 기포가 생기기 때문이었다.

마지막은 왁스가 하얗게 굳을 때까지 기다리는 일이었다. 사실, 마지막 순서가 가장 어려웠다. 잘 굳지 않으면 어쩌나? 온갖 조바심이 스멀스멀 올라오는 시간이었다.

*

할머니를 만난 해 7월이었다. 여름에 비가 많이 내릴 거라고 사람들은 봄부터 말했다. 난 흘려듣고 있었다.

착오였다. 한 달 내내 지루하게 비가 내렸다. 맑은 날은 손에 꼽을 정도였다.

다행히, 유곽이 높은 지대에 있어 배수구만 잘 관리하면 되었다. 문제는 습기였다. 내 방에 있는 물건들이 한차례의 폭우가 훑고 지나간 듯 축축하게 젖어 갔다. 침구마저 눅눅해져 마음이 푹, 가라앉는 것 같았다.

'아, 향초!'

나는 미소를 지으며 혼자 중얼거렸다. 할머니는 향초가 습기를 잡아 준다고 했었다.

당장 부엌으로 내려갔다. 할머니가 가르쳐 준 대로 향초를 만들었다. 내 방에 가지고 올라와 심지에 불을 붙였다.

할머니 말이 맞았다. 오후 햇볕에 침구를 말린 것처럼 모든 게 뽀송뽀송해져 갔다. 내가 좋아하는 국화꽃 기름을 듬뿍 넣어 만들었기에, 담백하지만 은은하게 퍼지는 향이 온 방 안에 있는 물건 하나하나에 스며들었다.

할머니와 함께 하는 시간들은 점점 짧아졌다. 이제는 혼자 향초를 만들어 팔 수 있을 만큼이 되었다. 나는 유곽을 나올 준비를 차근차근 해 나갔다. 그리고 가끔씩 예수님이라는 분에 대한 소문을 듣곤 했다.

그러던 어느 날이었다.

유곽으로 동네 사람들이 몰려왔다. 이곳 사람들이 모두 자리를 비우고 나 혼자 있을 때였다.

사람들은 나를 거칠게 끌어냈다.

마을 광장으로 데려갔다.

한가운데 세우고, 비난과 조롱을 퍼 부었다.

"악."

어느 방향에선가 돌이 날아왔다. 피할 수 없을 만큼 거칠고 빠르게 날아와 살갗을 찢었다. 돌은 점점 더 많이, 빠르게 날아왔다.

그때였다.

한 사람이 내게로 다가오고 있었다.

그가 내 옆에 서자, 나를 잡아 온 사람들이 의기양양한 목소리로 소리쳤다.

"이 여자가 간음하다 붙잡힌 창녀요. 모세는 율법에서 이런 여자를 돌로 쳐 죽이라 했지. 선생은 뭘 할 거요?"

사람들의 눈이 모두 예수라는 사람에게로 향했다. 하지만 그는 아무 대구도 하지 않았다. 침묵이 사람들을 더욱 안달 나게 했다. 나를 더 비참하게 만들었다.

예수는 몸을 웅크리고 주저앉았다.

이윽고 오른손 두 번째 손가락으로 땅바닥에 무언가를 쓰기 시작했다. 사람들의 얼굴이 점점 창백하게 일그러졌다.

"이 보시오, 선생!"

한 사람이 날 선 목소리로 예수의 이름을 불렀다.

예수가 그 사람에게 말했다.

"당신은 죄가 없나요?"

그 사람은 더욱 화가 나서 소리쳤다.

"이 여자 말요. 이 여자를 어떻게 할 거냐구!"

예수가 다른 사람들을 둘러보며 말했다.

"이곳에 죄가 없는 사람이 있나요? 그 사람이 먼저 돌을 던져요."

사람들은 조용해졌다.

서로의 눈치를 살피다 여기저기에서 헛기침을 했다. 급기야 하나둘씩 뒷걸음질 치기 시작했다. 어느덧 큰 소리가 오가던 광장엔 예수님과 나만 남았다.

하늘이 붉게 물들고 있었다. 저녁이었다. 붉은 기운이 점점 땅 가까이에 다가왔다. 예수님의 얼굴까지 붉게 물들었다. 바닥에 엎드려 고개를 숙이고 있던 나는 천천히 일어나 앉았다.

주님을 바라보았다. 따뜻한 표정이었다. 하늘에서 내려온 빠알간 빛과, 땅에 드리워져 있던 회색빛이 섞이고 어우러진 표정이었다. 서로 다른 두 색깔이 어떤 '마음'을 전하고 있었다.

"다시 죄를 짓지 말아요."

"……."

나는 말없이 고개를 끄덕였다.

그런데 그때였다.

한 사람의 모습이 눈에 띄었다. 모든 걸 멀리서 지켜보고 있던 사람, 향초 가게 할머니였다.

할머니가 나에게 다가왔다. 내게 가방 하나를 건네주었다. 거기에는 기름과 왁스, 심지, 유리병, 그리고 말린 국화꽃과 잎이 가득 들어 있었다.

할머니가 말했다.

"곧 유월절이잖우. 여인들은 기도할 때 향초 밝혀 두는 걸 좋아한다우. 만들어 팔구려."

흘러내리는 눈물을 닦으며 가방을 받은 나는, 할머니와 마지막 인사를 나누었다. 광장에는 아직 저녁노을이 남아 있었다.

나는 예수님의 그림자를 따라 밟으며 그분의 다음 사역지로 함께 발걸음을 옮겼다.

예수께서 말씀하셨다.

"나도 너를 정죄하지 않겠다. 이제부터 다시는 죄를 짓지 마라."

– 요한복음 8:11

17. 나는 아버지에게 돌아온 둘째 아들

아버지, 지금 제가 있는 곳엔 전염병이 돌고 있어요. 열흘째 쏟아지는 폭우로 많은 집이 물에 잠기고, 살림살이가 오염된 빗물에 떠다녀요. 어젯밤 새벽에야 겨우 잠이 들었던 친구는 아침에 사라지고 말았어요. 먹을 걸 구하려고 근처를 돌아다니다가 실종된 것 같아요.

전염병이 돌아 마을 전체가 굳게 잠기고 외부인들이 드나들지 못한 채 석 달째 봉쇄되었어요. 이런 상황에 폭우까지…….

전염병은 더 빠르게 퍼질 테고, 단 몇 시간도 생사를 짐작할 수 없겠죠. 이런 절박감이 아버지에게 전해질 수도 없는 편지를 쓰게 만들었어요.

'이건 아니다. 이렇게 죽고 싶지 않다. 이건 내가 원하는 마지막이 아니다.'

수없이 중얼거렸어요. 그러다가, 그렇다면 내가 할 수 있는 일, 하려고 했던 일을 해야겠다, 결심했어요.

'아버지, 제발 제게로 와 주세요. 제 손을 잡아 주세요. 가슴이 사정없이 뛰어요. 이렇게라도 아버지를 불러야 견딜 수 있을 것

같아요. 인사도 없이 아버지를 떠났던 일이 미치도록 후회돼요.'

물론, 고향을 떠나지 않았더라면 전 아주 교만한 사람이 되었을 거예요. 세상이 모두 손에 있는 것처럼 오만한 생각을 품고, 이방 도시에 대한 대책 없는 동경에 빠졌을 거예요. 사람들 앞에서 한없이 친절한 척하다가도, 돌아서면 이기적이고 얍삽한 본능이 드러나겠죠. 지금 이 꼴이 되어 보니 제 모습이 바로 보이다니.

어찌 생각하면, 차라리 감사해요. 하지만 너무 가혹해요. 이런 비참한 상황까지 와야 제가 인생에 눈을 뜰 수 있다는 것이요. 밤 사이 제가 있는 마을에서 실종된 사람은 모두 7명이에요. 그중 5명은 물에 떠내려가는 사람들을 구하려다가 급류에 같이 떠밀려 갔어요. 그들의 용기, 물에 불은 시체, 남은 가족들의 눈물······. 마음이 너무 복잡했어요.

- 사람이 떠내려가요, 제 동생이에요. 도와주세요.

소리치는 아주머니를 보았을 때 전 숨조차 쉴 수 없었어요. 가슴까지 차오르는 폭우를 바라보다 뒷걸음질쳤어요. 하지만, 옆에 있던 청년은 옷을 벗어 던지고 뛰어들었어요. 빠르게 헤엄쳐 20살 정도 되어 보이는 여자를 구했어요. 자기 몸도 가눌 수 없을 만큼 비틀거리면서도 여자를 살렸어요.

전 그때 아버지가 떠올랐어요. 어린 시절 형과 제가 강가에서 놀다가 급류에 휘말렸을 때, 저를 향해 헤엄쳐 오던 아버지. 아무리 아버지라지만 그 짧은 순간에 어떻게 그렇게 빠른 물살에 뛰어들 생각을 한 건지.

- 아빠, 아빠다!

이미 물을 많이 먹었는데도 온몸이 이상하게 편했어요. 침대에 누워 있는 것처럼, 빳빳이 굳었던 팔과 다리가 누그러졌어요. 곧 아버지의 긴 팔이 제 어깨를 감쌌고 그 힘에 끌려 강을 빠져 나왔어요.

이후로 전 강 근처에도 가지 않았어요. 물에 빠졌던 기억이 너무 고통스럽게 머릿속에 남아 있어서예요. 하지만 오늘 청년을 보고 생각났어요. 아빠가 저를 구해 주었던 기억이.

아버지, 제가 이래요. 이렇게 어리석어요. 왜 아팠던 기억은 오래 남으면서, 감사한 기억은 이렇게도 빨리 잊어버리는 걸까요. 차라리 그 반대였다면 지금 아버지 곁을 떠나지도 않았을 텐데 말이에요.

아버지에게 제가 받을 재산을 미리 달라 말한 뒤 이웃 나라로 갔을 때, 전 사람들을 따라다니며 세상의 지식을 엿들었어요. 그들의 언변과 논리가 어찌나 화려하면서 조리 있던지 감탄할 수밖에 없었어요.

이전에 집에서 읽던 책들과는 비교도 되지 않았어요. 더 깊고 심오한 진리가 그들에게 있다고 확신했죠. 여름 속옷이 땀에 젖듯, 밤을 새워 그들의 책을 빌려다 읽었어요. 넓은 세상의 중심이 되고 싶었어요.

세상의 공부가 주는 달콤함은 마치 제사장의 옷에 달려 있는 석류 같았어요. 붉은 열매를 꿀에 재운 듯한 단맛에 전 완전히 매혹되었죠.

3년 동안 제대로 먹지도 자지도 않았어요. 미각도 잃어버리고 잠이 주는 쉼도 모조리 내팽개쳤어요. 비록 멸망했지만 그 어느 나라보다 화려하게 번성했던 소돔! 도시를 다스리는 지혜자가 된 듯 우쭐했어요.

한 손엔 세상을, 한 손엔 자연의 제왕인 '달' 가까이에 있는 듯 들떠 있었어요. 아버지와 나눈 대화들, 아버지 서가에 꽂혀 있던 책들을 비웃었어요.

'떠나오길 잘했다. 안 그랬다면 아직도 이삭의 우물이 세상에서 가장 깊은 줄 착각했겠지.'

그런 진짜 착각을 하면서 말이에요. 제가 속한 모임의 대장을 아버지처럼 따랐어요. 사람들과 형제의 동맹을 맺었어요. 그런데, 그렇게 6년째 되는 날, 전 알게 되었어요. 그들의 말은 비뚤어진 영혼을 감추기 위해 더 화려하게 꾸며진 장식물에 불과하다는 것을요.

그건 사람을 강하게 하고 살리는 공부가 아니었어요. 사람의 정신과 영혼을 다치게 하는 지식이었어요. 마음이 무너지고 정신이 쇠약해진 어느 날, 비로소 전 새벽에 짐을 꾸려 그들을 떠났어요.

이후, 노숙자 신세가 되었어요. 거리를 떠돌며, 셀 수도 없을 만큼 많은 날을 굶었어요. 다행히 한 친절한 사람을 만났는데, 그는 농장을 가진 사람이었어요.

제발 돼지 치는 일이라도 하게 해 달라 빌었어요. 무슨 일이든 시켜만 달라고요. 주인은 친절한 사람이었어요. 창고에 쌓인 세마포 부대를 가져다, 돼지에게 먹이는 일을 시켰죠. 돼지에게 쥐엄나무 열매를 먹이는 일이었어요.

그때였어요. 열매를 본 순간, 전 한 움큼 집어 허겁지겁 입에 넣었어요. 가난한 사람이 정말 먹을 것이 없어 마지막에 먹는 식량, 쥐엄 열매. 가늘고 긴 모양이 꼭 송충이처럼 생긴 열매.

아버지와 같이 살 때 일꾼들이 일부러 땅에 떨어뜨려두어, 길짐승들이나 먹게 하던……, 이 춥고 낯선 땅에서 그것은 제게 너무나 훌륭한 식사인 거예요.

순간, 전 돼지우리를 뛰쳐나왔어요. 고개를 바닥까지 숙이고 땅을 바라보며 걷고 또 걸었어요. 개미를 관찰하는 것만이 유일한 낙이었어요.

정오가 되면 땅속에 숨어 있던 지렁이들이 햇빛을 좇아 기어 나와요. 하지만 곧 뙤약볕에 말라 죽지요. 전, 지렁이가 딱딱하게 굳어 가는 것을 보면서 묘한 동질감이 들었어요. 모든 감각이 곤두서고 가슴이 두근거렸어요. 나라고 다를 바 없다 생각했어요.

- 왜 살아야 돼요? 도대체 뭘 위해서 이 지렁이 같은 생을 계속해야 돼요?

의문이 분노로 바뀌어 목구멍에서 튀어나왔어요. 제 몸에서 썩은 쥐엄나무 냄새가 났죠.

- 이게 미쳤나. 젊은 사람이 쯧 쯧, 나 원 별.

그렇게 며칠을 미친놈처럼 쏘다녔어요. 그러다 다시 배가 고파 돼지우리에 돌아오던 날, 아침 식탁에서 듣던 아버지 말씀이 떠올랐어요.

- 어떤 상황에서건 하나님만 바라보렴. 사람이 죽었다가도 살아난단다.

전 마침내 사흘간 금식 기도를 하기로 마음먹었어요. 그래도 사람인 이상 이렇게 살 수는 없는 거잖아요. 쥐엄나무 열매로 생을 연명할 수는 없는 거잖아요.

*

마침내, 기도 첫날이었어요. 오후가 되자, 뙤약볕이 내리쬐기 시작했어요. 고통스러울 만큼 배가 고프고 목이 말랐어요. 너무 가까이 죽음이 느껴졌어요.

속절없는 8월의 더위가 야속했어요. 머리가 지끈거리고 피가 위로 솟구치는 것만 같았어요. 습한 기운에 섞여 제 몸에서 나는

172

냄새가 역하게 느껴졌어요. 하지만 마실 물도 없는데 씻을 물을
어디서 찾겠어요.

그때였어요.

'아버지께 돌아가야겠다.'

저도 모르게 신음 소리가 터져 나왔어요. 해마다 여름이면 아버
지 정원에 열리던 과일, 털이 보송보송한 복숭아며, 포도, 석류, 파
인애플, 얼마나 달았는지…….

지금의 전, 울다가 지쳐 과일밭에 떨어진 매미 꼴인걸요.

아침에 모국어로 나누던 따뜻하고 익숙한 인사, 몇 백 년 된 나
무들이 줄지어 선 가로수, 어린이들이 젊은 아빠에게 안아 달라고
두 팔을 벌리고 뛰어가는 모습, 아빠에게 안겼을 때 내지르는 돌고
래 같은 가늘고 높은 소리, 친구들과 공놀이를 하다 팔을 다치거나
가을 감기에 걸리면 찾아가던 할머니 댁, 매달 머리 손질하러 가던
아저씨 댁, 유월절이면 온 가족이 함께 옷을 맞추러 가던 이모 댁,
그리고 무엇보다 제가 7살 되던 해 태어난 친구의 동생이 어떻게
커 가고 있는지 궁금해서 견딜 수가 없었어요.

- 오빠도 우리 집에서 같이 살았음 좋겠다, 진짜 우리 오빠였음
좋겠다.

내내 그 말과 기억들이 귓가에 맴돌았어요.

태풍 때문에 두 달 동안 집에만 있어야 했던 날이었어요. 친구
들을 못 보는 마음이 얼마나 힘들던지,

- 나야, 유다. 보고 싶어.

친구들을 만나는 상상을 하며 혼자 중얼거리던 게 떠올랐어요.

'내가 살던 마을로 다시 돌아갈 수 있다면, 이런 소박한 바람들이 어쩌다가 결코 꾸지도 못할 꿈이 되어 버린 건가'

고통스러웠어요.

기도 둘째 날이었어요.

다행이었어요. 마음이 하늘과 점점 가까워지는 것 같았어요. 정신이 또렷해지고 더 이상 목이 마르지 않았어요. 아버지의 따뜻한 눈빛이 보이는 것만 같았어요.

'하늘에 계신 우리 아버지!'

아버지를 수백 번, 수천 번 불렀어요. 기침이 터지고 목이 쉬고 물 한 모금 넘기지 못할 만큼 온몸이 부들부들 떨렸어요.

'하늘에 계신 우리 아버지.

제가 저를 낳아 준 아버지께 잘못을 했어요. 이제 아들이라고 불릴 자격조차 없어요. 아버지가 저를 일꾼이라도 삼게 해 주세요.'

먹먹한 눈물이 쏟아졌어요. 언제나 저를 무릎에 앉히고 기도하시던 아버지가, 저의 상처 난 마음을 보듬어 주던 아버지가 생각났어요. 태어나 처음으로 하늘에 계신 아버지께 길고 간절한 기도를 드렸어요.

'아버지, 아버지의 뜻이 하늘에서 이루어진 것처럼 땅에서도 이루어지게 해 주세요. 아버지의 뜻이 땅에서도 이루어지고, 제 안

에서도 이루어지게 해 주세요.'

그렇게 마지막 3일째 기도를 마쳤을 때, 마침내 전 아버지께 돌아갈 용기를 내게 되었어요.

아버지! 부디 이 편지를 읽고 저를 받아 주세요.

아들이 돌아오자 아버지는 목을 껴안고 입을 맞췄다.

"어서 가장 좋은 옷을 가져와 이 아이에게 입혀라. 손가락에 반지를 끼우고 발에 신을 신겨라. 살진 송아지를 끌어다 잡아라. 잔치를 벌이고 즐기자."

– 누가복음 15:32

18. 나는 부자 청년

이 마을에서 나를 모르는 사람은 아무도 없네. 어쩌다 동쪽 목장에 들를 때면 얼굴도 모르는 수많은 사람들의 인사를 받지. 나중에는 일일이 눈을 마주치는 게 힘들어 나도 모르게 고개를 돌리네. 그들은 멀리서부터 달려와 허리를 굽히며 내게 안부를 묻지. 가난에 찌들어 왜소한 몸과 노동으로 삭은 얼굴을 마주하는 게 썩 유쾌하지는 않네. 아주 지겨워 죽겠네. 전염병을 피하듯 외면하고 싶네.

하지만 속마음을 얼굴로 드러내는 건 천박한 일이지. 내겐 돈 말고도 명예와 종교가 있으니까. 얼굴을 일그러뜨리더라도 억지 미소를 짓곤 한다네.

온 마을 사람들이 나를 부러워하며 존경하지. 젊은 나이에 자수성가했으니 어떻게 하면 나와 관계를 맺을까 고심하네. 주변의 인맥을 모두 동원하여 다리를 놓으려 애쓰지.

그들은 항상 이렇게 시작한다네.

"바르게 사는 법을 가르쳐 주세요."

바르게 산다? 아니, 지금 그 말이 왜 나오는가.

"부자 되는 비법 좀 귀띔해 주세요, 제발."

뭐, 이런 속내를 돌려 말하는 거겠지. 솔직히 말하면 될 걸, 그 와중에도 체면치레에 바쁘다니. 아주 구역질이 나올 지경이네.

물론, 자네도 알다시피 난 금수저를 물고 나왔네. 수많은 땅과 돈을 가지고 태어났지. 대대로 부자인 집안의 귀한 아들이었네. 잘생긴 아버지와 마을 귀부인의 딸인 어머니는 물려줄 재산이 많 았지. 집엔 언제나 향이 좋은 포도주가 넘쳐났네. 정원에는 솔로 몬 시대의 백향목이 숲을 이루고 있었지. 백향목의 위엄과 힘은 우리 집안 분위기와 잘 맞았네. 이집트와 아라비아에서 가져온 각 종 나무와 꽃이 있었는데, 각각에 맞는 온도와 습도 그리고 흙을 관리하는 정원사가 있었네.

정원에는 내가 가장 아끼는 석류나무가 있었지. 특히 어머니가 좋아하셨네. 오랫동안 아이가 생기지 않던 어머니는 1년 동안 매 일 석류즙을 짜서 드신 뒤 날 가지셨네.

자네도 알 것이네. 우리에겐 절기에 석류를 먹는 전통이 있지 않나. 보석처럼 단단히 박혀 있는 수백 개의 석류 알처럼 열매를 맺고 싶은 마음에서 생긴 풍습이겠지.

세상에는 돈으로 해결되지 않는 일이 없고 돈으로 얻을 수 없는 게 없었네. 지성과 도덕, 하물며 율법까지.

장인들이 공들여 만든 옷과 가구, 그들이 평생 혼을 바쳐 만든 예술 작품이 집안 곳곳에 가득했네. 심지어 집이 여러 채여서 계절마다 옮겨 다니며 한 해를 보냈지. 요리사의 정성이 가득한 음식을 먹으며 경치 좋은 곳을 여행하는 재미도 쏠쏠했지.

안식일이면 제사장들이 집안 예배에 찾아와 축복 기도를 해 주었네. 나는 내면이 거룩한 사람이 아니네. 그런데 그들은 언제나 이렇게 말했지. 내가 특별한 영성을 타고 났다고.

재능도 돈으로 살 수 있었지. 금속 세공업자들은 평생 동안 개발한 기술을 내게 알려 주었네. 난 그저 그들이 일할 수 있는 작업실을 내준 것뿐인데 그들이 먼저, 그건 당신 작품이라며 내 이름을 새겨 넣어 주더군.

부자로 살면서 가장 좋은 건 마음껏 분노할 수 있는 거네. 내가 미워하는 자들을 마음 놓고 미워할 수 있다는 것. 이해하고 용서하려 애쓰지 않아도 된다는 게 얼마나 신나는 일인지. 내 옆엔 같이 미워해 주는 사람들이 늘 있더군. 비난을 받는 쪽은 언제나 내 눈 밖에 난 자들이라네.

난 진심으로 돈을 사랑했네. 유리 상자에 달란트를 가득 쌓아 놓았지. 바라보는 것만으로도 행복했네. 돈의 향기보다 더한 향수가 있을까. 그건 마치 하나의 조각품 같았네. 우주의 어느 예술가가 이보다 멋진 작품을 만들 수 있겠나.

나는 다윗 시대, 솔로몬 시대의 돈은 물론 이집트와 아라비아에서 통용되는 모든 돈을 사들였네. 가장 넓은 방 장식장에 돈을 전시했지. 기술자를 고용해 돈을 만들어 볼까도 생각했네. 금과 은,

동과 철을 어느 정도의 비율로 어떤 모양으로 만들까, 어떻게 하면 사람들이 가지고 싶어 할까 생각했지.

자칭 부자라는 사람들을 초대해 서로 비교해 보는 재미도 있었네. 그들보다 내가 더 많이 가졌을 때의 쾌감은 정말 짜릿했네. 아, 그렇다고 나보다 더 부자인 사람과 사귀는 것도 꺼리지는 않았네.

그들은 나의 경쟁심과 승부욕을 자극하는 유익한 친구들이었지. 내게 분명한 삶의 방향, 목표 같은 걸 주었지. 그리고 무엇보다, ……고약한 자린고비인 나를 정당화시켜 주었지. 형체도 없으면서 공연히 나를 괴롭히는 죄책감 따윈 당장 집어치우게 해 주었네.

제사장들은 성전에 물품이 필요하거나 낡은 곳을 보수해야 할 때면 제일 먼저 나를 찾았네.

당연하지 않은가. 부자란 영혼이 가장 깨끗한 자니까. 부자는 지혜자가 될 가능성이 가장 많으니까. 부자의 안목이 그 어떤 예술가의 미학보다 뛰어나고, 부자의 지식이 그 어떤 학자의 식견보다 높으니까.

나는 지금 내가 살고 있는 세상을 사랑하네. 가끔, '하나님 나라' 어쩌고 하는 미친 소릴 듣긴 했지만 곧 무시했네. 하나님을 본 자가 없는데, 어떻게 나라가 있을 수 있는가.

게다가 그 나라에서 백성 노릇하는 자들은 또 뭔가. 거지 나사로 같은 자? 세상에서 거지로 살았으니 죽어 천국에 가고 싶겠지.

대체, 형체도 없는 하나님에게 뭘 바라겠는가. 형식적인 기도야, 대대로 내려온 민족의 전통이니 어찌어찌하겠네. 하지만 그분께 뭘 구하겠는가. 이미 부자인 내가 거지처럼 구걸이라도 하란 말인가. 먹지 않고도 말씀으로 배가 부르다는 게 대체 말이 되는가.

나는 부자가 다스리는 이 나라에서 영원히 살고 싶네. 내가 사랑하는 돈과 함께 아주 오래 살고 싶다네.

내게는 하나님이 필요하지 않네. 그분 없이도 나는 잘 살아왔으며 또 살아갈 것이네. 하나님의 뜻도 별로 궁금하지 않네. 하나님도 그분만의 생각이 있겠지. 아쉬운 사람들이야 이 땅에 천국을 만드네 마네 한다지만 보다시피 난 부족한 게 없네. 그분의 나라까지 신경 쓰고 싶지 않다네.

이보게. 내가 가장 사랑하는 돈이라면, 내가 가장 싫어하는 게 뭔 줄 아는가? 바로 가난뱅이라네. 난 그들을 증오하네. 성전에서 난 늘 그들과 멀리 떨어져 앉지. 먼지 많은 곳을 피해 깨끗한 의자에 앉듯 말이네. 제사장에게 재물을 가지고 갈 때도 난 그들과 늘 일정한 거리를 두네.

어느 추수감사절이었네. 웬일로 내가 가난한 자들에게 곡식과 고기를 보냈네. 하지만 아무도 내게 감사를 표하지 않았네. 나는 화가 머리끝까지 났네. 우월감이 폭발하고 말았지.

'태어났을 때부터 나는 저들과 다르다. 저들은 게으르고 무지하고 약하다. 부자에게 빌붙어 살아간다.'

생각했네.

가난한 자들은 얻어먹기만을 바라고 내가 가진 것들을 시기하지. 자기 것에 만족하지 못하고, 자신의 가난을 있는 그대로 받아들이지 않네. 그들은 율법적으로도 악하네. 그런데 내가 저들을 왜 도와줘야 하는가. 저들이 굶어 죽든 말든 내가 무슨 상관인가. 중요한 건 저들로부터 나를 지켜야 한다는 것이라네.

언제부터인가 사람들은 내 앞에서 결코 진실을 말하지 않았네. 그들의 속내를 알고 싶어 취할 때까지 함께 술을 마셨네. 하지만, 내게 마음을 열지 않더군. 예상대로였지. 내 앞에서의 얼굴과 자기들끼리 있을 때의 표정이 확실히 다르더군.

*

시간이 오래 흘렀네. 나는 점점 무료해졌지. 그러던 어느 날이었네. 성전에서 예배를 마치고 돌아와 낮잠을 자고 일어났는데, 이상한 일들이 일어났네.

나는 점점 말라 갔네. 아무리 기름진 음식을 먹어도 살이 찌지 않았네. 화장을 하고, 사람들 앞에 품위가 드러나도록 특별히 맞춘 비단 옷을 여러 벌 걸쳐 입었는데도 점점 보기 싫게 야위어 갔네. 뼈까지 마르는 기분이었네. 아직 젊은데 피부는 거칠어지고 머리가 반은 빠져 못 봐 줄 지경이었네.

곧이어 아버지가 서재에서 급사(急死)하셨다는 소식을 들었네. 어머니는 충격으로 기억을 잃었지. 아름다운 어머니는 하루아침에 늙고 힘없는 초라한 노파가 되었네. 어린 아이가 되어 잠시도 내 곁을 떠나지 않았지. 더 이상 내가 의지할 수 있는 어머니가 아니었네.

다시 안식일이 돌아왔네. 예배를 드리러 성전에 갈 준비를 하느라 애써 몸을 일으켰지. 그때 밖에서 아이들의 찬양 소리가 들렸네. 마침 내가 아는 찬송가였지. 음정도 맞지 않고 가사도 틀렸어. 그런데 그런 아이들의 찬양이 내 마음을 움직이더군.

마치 천사의 자녀들 같았네. 마음 깊은 곳에서 기쁨으로 찬양하고 있었지. 그 아이들은 자라서 인생의 어려움이 다가온다 해도, 오늘 불렀던 찬양을 기억하며 용기를 낼 것 같았네. 여호수아, 갈렙 선지자처럼 광야에서 태어나 자라, 여리고 성을 무너뜨릴 만한 힘을 가지게 될 것 같다는 생각이 들었네.

그렇다면 나는? 언제까지 돈을 사랑하고 숭배하면서 살 것인가. 언제까지 불면의 밤을 보낼 것인가…….

마침내 난, 예수라는 자를 찾아갔네.

그리고 이렇게 물었네.

"내가 영생을 얻으려면 어떤 선한 일을 해야 하오?"

예수가 말했네.

"살인하지 마시오. 간음하지 마시오. 도둑질하지 마시오. 거짓 증언하지 마시오. 부모를 공경하시오. 이웃을 자기 몸과 같이 사랑하시오."

나는 대답했네.

"나는 살인하지 않았소. 나와 생각이 다른 사람이 못마땅해 흘겨보았을 뿐인데, 평소 내게 아부하던 자가 그를 죽여 버렸소. 나는 간음하지 않았소. 나 같은 부자는 아름다운 여자들을 얼마든지 만날 수 있소. 애인이 있는 여자도 먼저 호감을 보이지. 간음한 건 그녀들이오."

나는 대답을 이어 나갔네.

"나는 도둑질하지 않았소. 도둑질이라니. 내겐 없는 게 없소. 책방에 들렀을 때였소. 마침 맘에 드는 책이 있어 몇 줄 읽다가, 내 것인 줄 알고 집으로 가져온 적은 있소. 하지만 설마 내가 책을 살 돈이 없겠소? 거짓 증언을 한 적도 없소. 내가 저지른 일에 대해 자백도 하기 전에 재판관들이 그러더군. 내가 범인이 아니라고……, 거짓 증언을 한 건 바로 그 재판관들이란 말이오. 나는 이웃을 내 몸처럼 사랑하오. 추수감사절마다 사람들을 불러 창고에서 썩어 가는 과일이며 곡식, 고기들을 나눠 준다오. 게다가 언제든지 음식들을 가져가도 된다고 말했소."

예수가 말했네.

"재산을 팔아 가난한 사람에게 주실 수 있소?"

"……."

순간 나는 침묵했네. 두려웠네. 가진 것은 돈밖에 없는데, 그 돈마저 가난한 자들에게 준다면 내게 무엇이 남겠는가.

"싫소."

나는 거절했네. 내 힘으로 노력하여 쌓은 '부'를 나는 유지하고 보존하고 싶었네. 그 누구도 건드릴 수 없도록 나의 명예와 인기를 더 깊게, 더 높게, 더 넓게 가지고 싶었네.

예수는 계속해서 말했네.

"재산을 팔아 가난한 사람에게 나누어 주시오. 그러면 하늘에서 보물을 얻을 것이오. 그리고 나서 나를 따르시오."

나는 예수와 협상을 하고 싶었네.

나를 만족시킬 만큼의 돈을 남겨 놓고 예수를 따를 수는 없는 것인가. 그렇게 하늘의 보물도 얻으면 안 되는 것인가. 등의 조건으로 말이네.

그런데, 궁극적으로는 이런 의심도 들었네. 예수라는 자가 과연 내가 돈을 포기하면서까지 따를 만한 가치가 있는가 하는.

물론, 예수와 대화하면서 나는 때때로, 양심의 가책 같은 것이 순간순간 올라오긴 했네. 그런데 그 당돌함을 도와주는 자가 있었네. 철저한 내 편, 형제 같은 존재인 그는……, 놀라지 말게. 그는 진짜 악마였네.

악마는 내게 속삭였네.

"사람에겐 자유의지란 게 있어. 그건 하나님이 준 거야. 네가 선택하지 않으면 아무리 하나님이라도 너에게 어떻게 하지 못해."

내가 대답했네.

"그래, 예수든 악마든 내가 선택할 거야. 난 누구도 무너뜨릴 수 없는 많은 돈과 명예와 인기를 가졌어."

악마가 다시 속삭였네.

"바로 그거야. 네 마음을 잘 살펴봐. 교만한 마음을 숨기려 말고 다 드러내. 그동안 많이 봐 왔잖아. 신 앞에서 고개를 숙이는 지식인들, 예술가들, 성인군자들, 제사장들, 그 역겨운 위선자들, 그들보다 네가 훨씬 솔직해. 네가 진짜야.

날 봐. 그래 이쪽, 어둠의 세계를 보란 말야. 넌 처음으로 신에게 대든 자야. 아마 인류문화사에 기록될걸? 역사는 널 위인이라 부를 거야. 그런 명예는 아무나 가질 수 있는 게 아니야. 넌 지금 악마인 나도 하지 못한 일을 하고 있어. 나도 널 숭배해. 포기하지 마. '선'에 굴복하지 마. 빛이니 거룩함이니 하는 것들은 개나 줘 버리라고 해. 만족하지 마. 더 벌어야 돼. 계속 부자로 살려면 지금보다 더 많은 돈이 필요해. 내가 어둠의 힘을 빌려줄게. 세상에 있는 모든 돈을 뺏어다 네게 줄게. 널 영원한 부자가 되게 해 줄게. 가난한 자들은 신경 쓰지 마. 살면서 겪어 봤잖아. 네가 돈을 줘 봤자 금방 써 버릴 거야. 그리고는 또 달라고, 더 달라고 손을 내밀 거야. 그들이 가난한 건 원래 그렇게 태어나서야. 너와는 종(種)이 달라."

악마는 친절한 미소를 지으며 나를 따뜻하게 안아 주었네. 나는 주저할 필요가 없었네. 선택을 망설일 이유가 없었지. 화려하고 넓은 길을 버리고 굳이 좁고 험한 길로 갈 이유 없으니까.

나는 예수의 눈물을 거절하고 악마를 따랐네. 몇 걸음 떼었을 때, 그곳이 지옥으로 가는 길이라는 걸 깨닫고 잠시 멈칫했네만, ……악마와 많은 대화를 하느라 너무 졸리고 피곤했네. 어서 부드러운 새끼 양털로 만든 푹신한 침대에 올라가 눕고 싶었네.

그렇게 얼마를 간 것일까. 점점 어둠의 기운들이 주변에 다가오는 것이 느껴졌네. 그리고 마침내……, 알게 되었네. 이제는 돌아설 수 없다는 걸. 악마의 군대는 이미 내 주위를 빙 둘러싸고 있었네.

그때부터 나는 그들의 감시를 받으며 발걸음을 재촉했네. 몸은 편하지만 마음은 고통스러운 곳, 화려해 보이지만 진짜 어둠이 있는 곳, 부자이지만 영혼은 처절하게 가난한 곳, 그곳을 향해 걸어 갔네. 비록 지옥으로 가고 있다 해도 나는 멈출 수가 없었네.

멈출 수 있는 용기가, 내겐 남아 있지 않았네.

예수께서 대답하셨다.

"만일 네가 완전해지고자 한다면 가서 네 재산을 팔아 그 돈을 가난한 사람에게 주어라. 그러면 네가 하늘에서 보물을 얻을 것이다. 그리고 와서 나를 따르라."

그러나 청년은 이 말을 듣고 슬픔에 잠겨 돌아갔다. 그는 굉장한 부자였기 때문이다.

– 마태복음 19:21-22

19. 나는 치유받은 학자

　오래 마음의 병을 앓으면서 세상을 보는 나의 눈은 많이 비뚤어
져 있었네. 병에 지쳐 야윈 사람들이 나처럼 보여 피하게 되었지.
비록 겉모습은 30년간 회당에서 율법을 가르친 학자라지만, 그건
말 그대로 겉모습일 뿐이었네.

　이론으로만 무장한 냉담한 사람들 속에서 그보다 더 냉혹한 선
생 노릇을 하는 것이 얼마나 나를 지치게 하던지. 가슴 속에 딱딱
하고 시퍼런 멍을 난 오래 전부터 품고 있었다네. 따뜻하고 붉은
피가 돌아야 할 심장에 냉혈동물처럼 차고 파란 피가 흘렀지. 언
제부턴가 삶의 의미를 완전히 잃어 가고 있었네.

　젊은 시절, 사랑하는 사람과 친구들, 제자들을 멀리한 채, 나는
대체 무엇을 배우겠노라 책 속에만 파묻혀 살았는지. 도대체 왜,
아내가 더 젊고 앳된 시절에 신혼의 달콤한 꿈을 나누지 못했는지.

　그리고, 그리고 말일세. 영영 자폐라는 혼자만의 세계에 갇혀
버린 하나밖에 없는 아들아이에게 좀 더 따뜻하고 다정한 아빠가
되지 못했는지. 후회 때문에 잠을 이룰 수가 없었네. 그렇게 불면
의 밤은 20여 년이나 나를 괴롭혔네.

내가 얻고자 한 것이 과연 세상 사람들이 부러워하는 이름이나 자랑이었을까. 아니, 아니네. 그건 '쫓김'이었네. 보이지 않는 강박이 밤마다 나를 몰아세우는 것 같았지. 고요하던 마음을 순식간에 아수라장으로 만들어 버리는 어둠의 사나이, 명예만이 생의 전부라 속삭이며 나를 절벽 끝까지 몰고 다니는 그 가증스런 사내 때문이었네.

언제부턴가 사내는 내 마음 속에서 나와 함께 살고 있었네. 함께 먹고, 함께 자리에서 일어나고, 생각하고, 느끼고, 사람을 판단하고, 비난하고, 손가락질했지. 모두의 위에 서 있는 듯 우쭐했어. 딱히 사내를 내쫓을 명분을 찾지 않았네, 한동안은.

그런데 몇 년 뒤부터는 내가 두 개, 세 개, 네 개가 된 것 같았네. 약을 먹지 않고는 그 이질감을 도무지 견딜 수가 없었네. 날선 내 몸이 환각에 취해 지칠 때까지는, 사내의 말을 따르지도 거절하지도 못한 채 끌려 다녀야 했다네. 그놈은 밤마다 내게 속삭였지.

- 난 당신의 능력을 잘 알고 있소. 당신의 명석한 두뇌와 차가운 가슴이 풀지 못할 문젠 세상에 없지. 그래서 말인데, 신의 존재 말이오. 대체 신을 본 사람도 느낀 사람도 없는데 어떻게 신에 대해 말하고 생각할 수 있소. 게다가 신을 사랑하기까지 한단 말이오? 그건 미친 거지.

그는 계속했네.

- 학자 양반. 그대의 눈부신 이성으로 신의 부재(不在)를 증명

해 보이시오. 신은 원래 없었으며 앞으로도 영원히 없을 것이니, 인간들과 아무 상관이 없다는 사실을. 인간이 신을 만날 일이 없으며, 설사 그렇다 해도 아무런 도움도 변화도 받지 못한다는 사실을. 만약 이 연구만 성공한다면, 당신이 원하는 모든 걸 주리이다. 마음의 병은 물론, 모든 불치병을 치료할 방법을 알려 주지.

난 사내의 제안에 따라 연구를 시작했네. 마침 새로운 논문주제가 떠오르지 않아 고심을 하고 있었거든. 그런데 진짜 고통은 그때부터였네.

자네, 이런 경험 해 본 적 있나?

15명 정도 되는 남자들이 가슴 위에 의자를 놓고 올라가 몸 위에서 마구 뜀박질을 해 대는, 내가 딱 그 짝이었네. 뿐만이 아닐세. 높은 곳에 오르기만 하면 아래로 떨어지고 싶은, 질기고 강한 줄만 보면 목에 감고 싶은 충동을 참을 수가 없었네.

나는 밤마다 환각제에 불을 붙여 폐 깊숙이 빨아들였네. 그렇게라도 가슴 속에 사는 사나이를 죽여 버리고 싶었네. 내가 아무리 여러 번 죽었다 깨어난다 해도 사내가 없어지지 않는다는 건 진즉 알고 있었지만.

*

그날도 난 서고에서 책을 뒤적이고 있었네. 너무 오래되어 아주 낡은 책, 활자도 잘 보이지 않는 책을 펼친 순간이었네. 갑자기 이런 목소리가 들렸네.

- 정말 낫고 싶으십니까?

처음엔 또 다른 환청이 아닌가 의심했네. 나는 고개를 세차게 가로저었네. 물을 한 잔 마시고 와 다시 앉았네. 그런데 목소리가 점점 더 또렷이 들려왔네.

- 정 말 낫 고 싶 으 십 니 까.

그건……, 권위가 있는 목소리였네. 내가 함부로 뿌리치거나 막을 수 없는.

그날 집으로 돌아와 나는 옷을 훌훌 벗어 던진 채, 태어나 처음으로 거울 앞에 섰네. 늙고 초라한 몸이 여과 없이 드러났지. 용기를 내어 몇 분쯤 그대로 서 있었지만, 곧 참을 수 없는 수치심이 올라와 허둥지둥 옷을 입었네.

그때였네. 나도 모르게 입술이 열리고 간절한 신음소리가 흘러나왔네.

- 네. 낫고 싶습니다. 정말 낫고 싶습니다.

다시 힘 있는 목소리가 들렸네.

- 어둠의 사나이를 정말 몰아내고 싶으십니까?

심장이 두근거리기 시작했네. 하지만 난 천천히 심호흡을 두 번 한 뒤 입을 열었네.

191

몰아내고 싶다고, 진심으로 원한다고 말이네.

난 주저하지 않았네. 영원히 발가벗겨진다 해도 마음의 문을 열어젖히고 싶었네.

점점 말할 수 없는 평안이 느껴졌네. 나는 다시 거울 앞에 섰네.

'그래, 이렇게 약하고 힘없는 인간, 이게 나야. 늙고 병든 나. 중요한 건 이런 나를 신이 만들었고, 그분이 원하는 대로 변화될 수 있다는 사실인데.'

……그러네. 난 비로소 처음부터 신이 있었으며 앞으로도 영원히 나와 상관있다는 사실을 고백할 수 있었다네.

여보게,

자네는 지금 어떤 목소리를 듣고 있는가. 그분의 권위 있는 목소리를 들어 본 적이 있는가. 우리를 평화롭게 하는 목소리를…….

그렇다면 그가 바로 어둠의 영을 몰아낼 수 있는 신(神)일세.

마침내 그때, 심장 속에서 시커먼 연기 한 줌이 서서히 빠져나가고 있었네.

그는 내가 그토록 쫓아내고 싶었던 어둠의 사나이였네.

예수께서 그가 누워 있는 것을 보시고, 그가 오랫동안 앓아온 것을 아시고 물으셨다.

"네 병이 낫기를 원하느냐?"

– 요한복음 5:6

20. 나는 포도원 일꾼

아직 해가 뜨기 전이었다. 어슴푸레한 기운이 사위를 덮고 있었다. 하지만 거리에는 벌써 많은 사람들이 나와 있었다.

사람들은 바쁘게 움직이고 있었다. 생계에 대한 절박함과 가장으로서의 무게가 그들의 어깨 위에 내려앉아 있었다. 가난에 대한 두려움은 그들의 가슴을 더 조급하게 만들었을 것이다.

나도 마찬가지였다. 지난 주 둘째 아이가 태어난 뒤, 아내의 회복을 돕느라 일을 쉰 대가는 비참했다. 밀이 떨어지고 생필품도 변변치 않았다. 오늘은 천둥 번개가 내리친다 해도 반드시 일감을 찾아야 했다.

다행히 지금은 포도원의 수확 철이었다. 8월의 포도원에는 해마다 많은 품꾼들이 필요했다.

8월은 으레, 햇빛 아래 가만히 서 있기만 해도 입으로 뜨거운 숨이 뿜어 나가고, 온몸의 힘이 쭉쭉 빠지는 달이었다. 하지만 일꾼들에겐 축복받은 달인 셈이었다.

일에 경중이 없고 귀천이 있을 리 없다. 하물며 일꾼이 날씨를 탓할까. 이즈음은 인력 시장이 가장 호황을 누리는 시기였다.

건장한 체격의 사내가 사람들에게 천막 아래로 모이라고 말했다. 전처럼 5명씩 팀을 짜 일을 배정하려는 것 같았다. 어젯밤 잠을 설칠 만큼 아침 일찍 서둘렀다. 하지만, 안타깝게도 나는 맨 마지막 팀이 되고 말았다. 요즘엔 일이 많아 오늘 모인 사람 모두 일을 나갈 수 있다고 사내가 말했지만, 막상 마지막이 되고 보니 마음이 썩 편치 않았다. 일을 못하게 될까 봐 불안했다.

*

9시가 되자 풍채가 좋은 포도원 주인이 나타났다. 인자한 인상을 가진 그는 자신의 포도원에 가서 일하면 품삯을 주겠다고 말했다. 첫 팀이 주인을 따라갔다.

12시가 되자 다시 주인이 나타났다. 두 번째 팀이 일할 수 있었다. 네 번째 팀인 나는 초조해지는 마음을 어찌할 수가 없었다. 세 번째 팀이 그렇게 부러울 수가 없었다. 주인은 반드시 다시 올 것이고 세 번째 팀도 곧 일하러 갈 수 있을 것이다. 하지만 네 번째 팀인 나까지 일할 수 있을까.

이곳에 온 지 5시간이 지났다. 지루한 데다 한여름 대낮을 천막 아래서 보내고 있다 보니 무료함이 밀려왔다. 지금이라도 돌아가 다른 일자리를 찾아야 하는 건 아닐까 혼란스러웠다.

집에서 기다리고 있을 아내와 아이들을 생각하니 왈칵, 눈물이 솟았다. 사막같이 막막하고 팍팍하기만 한 삶에 대한 설움이 밀려왔다. 견딜 수가 없었다. 언제까지 하루하루를 버티며 견디며 살 수 있을까.

……자신이 없었다. 아름다운 아내를 만나 사랑하던 날, 나는 세상을 다 가진 것처럼 자신만만했었다. 생계에 대한 불안 따윈 없었다. 그녀만 있으면 먹고 마시지 않아도, 잠을 자지 않아도 살 수 있을 것 같았다. 첫째 아이가 태어났을 때도 마찬가지였다. 우리는 신의 축복을 확신했다.

하지만, 신혼의 설렘은 오래가지 않았다. 날마다 가족의 생계를 걱정해야 했다. 깊은 밤을 홀로 견디는 날이 많았다.

"젊은 분이구먼. 우리까지 차례가 왔으면 좋으련만."

나와 같은 팀인 남자가 옆으로 다가오며 말했다.

"난 나이 든 어머니가 있수. 오늘 꼭 품삯을 받아 가야 한다우. 요 며칠 일을 못 나왔거든."

남자가 말했다.

"저도 그래요."

내가 대답했다.

"힘을 냅시다. 어머니는 지금도 가끔씩 그러신다우. 홀몸으로 우릴 기르며 평생, 하루에 필요한 양식만을 위해 기도했다구. 그

때마다 주님은 한 번도 거절한 적이 없으시다구. 아흔이 넘도록 사신 분이니 믿어 봐야지."

남자가 내 굽은 등을 두어 번 두드려 주었다. 그는 보자기에서 물통을 꺼냈다. 내게 물을 권했다.

시계는 어느새 3시를 가리키고 있었다. 포도원 주인이 다시 나타났다. 세 번째 팀이 일을 하러 나갔다. 나와 남자만 천막에 남았다.

하지만 마음은 훨씬 편안하게 가라앉았다. '일용할 양식'이라는 남자의 말 덕분인 듯했다. 마음의 여유가 생겼다. 다행이었다.

천막 안으로 시원한 바람이 불어왔다. 달았다. 한여름의 바람이란 며칠 동안 사막을 헤맨 끝에 찾아 낸 오아시스와 같았다. 무겁던 머리가 가벼워졌다. 마음에 새로운 힘이 생기는 것 같았다.

그때였다.

포도원 주인이 다시 나타났다.

"마침 일꾼이 더 필요했는데, 거 잘 됐구려. 당신들도 내 포도원에 와서 일하시오."

······인생에서 기적을 만나는 기분이 이런 걸까.

주인의 말이 끝나기도 전에 남자와 나는 포도원으로 달려가고 있었다.

*

어느 아가씨의 향기가 이처럼 달콤할까.

잘 익은 포도 냄새란 바로 그런 것이었다. 과즙이 꽉 찬 포도 알은 마치 사이좋은 형제들처럼 꼬옥 붙어 있었다. 아이들처럼 양쪽 볼을 빵빵하게 부풀린 모습이었다.

포도송이는 짓궂게 내리쬐는 8월의 뙤약볕 때문에 더 통통하게 빛났다. 눈이 부셨다. 포도밭에 온통 조명탄이 터진 것 같았다. 누군가 공중에 강한 빛을 내는 탄환을 쉴 새 없이 터뜨리는 듯 했다.

남자와 나는 부지런히 일했다.

먼저 온 사람들은 더운 날씨에 지쳐 있었다. 하지만 남자와 난, 방금 도착한 일꾼이었다. 당연히 그들보다 열심히 일해야 했다. 속도를 내야 했다. 마무리 생산량을 늘려야 했다.

잘 익은 포도송이를 왼손에 한 움큼 쥐었다. 오른손에 든 가위로 조심스럽게 가지를 잘라 냈다. 보기엔 쉬워도 꽤 섬세한 작업이었다. 바구니에 포개 놓은 포도송이가 얽히거나 맞닿지 않도록 엇갈려 놓았다. 포도알 하나도 뭉그러지지 않도록 조심했다.

여러 번, 옆에서 일하는 남자와 눈이 마주쳤다. 그도 달콤한 사탕을 입에 넣은 아이처럼 환하게 웃고 있었다.

잘 익은 포도는 맛있게 숙성된 포도주가 되어, 잔치를 빛내 줄 술이 될 것이다. 우리 아이들이 자라 소년이 되고 청년이 되고 결혼을 하는 날, 언젠가는 우리 부부도 아이를 축하하러 온 손님들에게 포도주를 대접하겠지…….

지금은 그것이 내가 꿀 수 있는 가장 화려한 꿈이었다. 아이들이 건강하게 자라는 꿈. 잘 익은 포도송이처럼 몸과 마음이 단단히 여무는 꿈. 밤마다 그 꿈을 계속 꾸며, 주님이 부르실 날을 기다릴 수 있을 것 같았다.

*

어느새 날이 저물었다. 포도원 주인이 일꾼들을 불렀다. 맨 마지막, 오후 5시에 온 남자와 나. 그리고 맨 처음 오전 9시에 온 사람에게 똑같이 1데나리온을 주었다.

9시부터 일한 사람들은 같은 임금을 받은 데에 불평했다. 하지만 주인은 일당을 모두에게 똑같이 주었다. 주인은 선한 사람이었다.

붉은 저녁 노을이 몰려오고 있었다. 반짝반짝 빛나는 데나리온을 노을에 비추어 보다, 나도 모르게 울컥 눈물을 쏟고 말았다. 땀으로 흠뻑 젖은 옷과 고단한 몸 같은 건 아무것도 아니었다. 아내와 아이들이 먹을 밀과 고기를 살 수 있다는 기쁨. 기뻐서 흘리는 눈물이었다.

"주님. 오늘도 일용할 양식을 주셔서 감사합니다. 일을 기다리면서 스쳐 가던 우울하고 불안한 마음을 뉘우칩니다. 주님은 언제나 제게 일할 수 있는 기회를 주시는 분임을 압니다. 일할 수 있는 힘을 주시는 분임을 믿습니다. 오늘 감사의 눈물을 흘립니다. 언제나 주님을 기다리는 자로 살게 해 주세요."

남자와 작별 인사를 나누고 집으로 돌아오면서, 난 반갑게 맞아줄 가족들 생각에 발걸음을 재촉했다.

쉼 없이 기도했다.

주인이 말했다.
"자네 일당을 받아가게. 나중에 온 일꾼에게도 똑같이 주는 것이 내 뜻이네. 내 것을 내 뜻대로 하는 것이 정당하지 않은가? 아니면 나의 선함이 거슬리는가? 이처럼 나중 된 사람이 먼저 되고 먼저 된 사람이 나중 될 것이다."
- 마태복음 20:14-16

21. 나는 무화과나무 아래 있던 사람

정오였다. 나는 무화과나무 아래로 갔다. 10월의 마지막 날이었고 어디에선가 벌레들이 무리를 지어 몰려다니고 있었다. 화려하게 피었던 꽃들은 땅에 떨어져 어젯밤 내린 비에 젖어 있었다. 발을 디디고 서 있는 땅도 축축했다.

'주님!'

한참 뒤에야 용기를 내어 주님을 불렀다. 하지만 머릿속이 뜻을 알 수 없는 단어들로 꽈악 들어차서 아무 말도 내뱉을 수가 없었다.

이스라엘엔 새로운 지도자가 필요했다. 로마의 지배를 받고 있는 지금이야말로 정치적, 영적 지도자가 필요한 시기였다. 하지만 사람들의 주장은 너무 과하거나 모자랐다. 모든 일에는 힘의 조절이 필요한데 말이다.

율법을 완전하게 지켜야 한다고 생각하는 사람들도 있었다. 어떤 이들은 광야로 나가 독자적인 공동체를 이루어야 한다고 했으며, 무력으로 로마의 압제에서 벗어나야 한다는 '열심당'도 있었다. 성전 제사에서 해결책을 찾기도 했다.

'과연 하나님의 뜻은 어디 있는 것일까.'

무화과나무를 올려다보았다. 진한 보라색 열매가 통통하게 익어 가고 있었다. 하나를 따서 베어 물었다. 부드러운 속살이 입안에서 눈처럼 녹아 사라졌다. 씨앗이 톡톡 터져 달콤한 과즙이 입술을 적셨다.

기도의 자리는 원래 어머니의 자리였다. 저녁 설거지를 마치면 옷을 단정히 입고 집을 나서는 어머니를, 몰래 따라가 본 적이 있었다.

집에서 올리브 나무까지 곧장 걸어가다 오른쪽으로 돌아서면 마을에서 공동으로 가꾸는 무화과나무 숲이 있었다. 사람들은 봄에 꽃이 필 때부터 가을의 열매를 기다렸다. 모든 과일 나무들이 그렇듯 꽃도 예쁘지만, 열매에 비할 바가 아니기 때문이었다.

열매는 우리 모두의 사랑과, 꿈과, 그 누구에게도 말하지 못한 이야기를 품고 있었다. 짓궂은 동네 아이들은 간혹 덜 익은 열매를 따다가 마을 어른들에게 야단을 맞곤 했다. 어른들은 열매가 상한 것도 상한 거지만, 아이들의 마음이 조급해진 것에 속상해했다.

기다린다는 건 누구에게나 힘든 일이다. 어른들에게도 마찬가지이다.

바벨론 포로 생활 70년을 기다렸고 고향으로 돌아온 후에도 700년을 더 기다렸다. 기다리는 것에 지친 어르신들이 하늘나라로 가고, 남은 세대들이 또 몇 백 년, 아니 몇 천 년을 더 기다려야 할지 모른다.

그런데 이깟 한 계절을 기다리지 못한단 말인가. 여름에서 가을까지 고작 100일조차 기다리지 못하는 민족에게 미래란 없다. 마을 어른들은 그런 생각을 하고 있었다.

어머니도 기다리는 중이었다. 어머니의 하나님을. 그래서 그 캄캄한 밤도 무섭지 않았던 것이다.

- 저도 같이 가요.

나는 나지막한 소리로 어머니를 부르며 뒤를 따랐다. 무화과나무 숲에 다다르자, 어머니는 키가 가장 작고 잎이 풍성한 나무 아래로 갔다. 가지가 옆으로 한없이 늘어져, 마치 어머니의 겉옷을 펼쳐 놓은 듯했다. 작은 돌 의자도 놓여 있었다. 어머니는 의자에 앉았고 기도를 시작했다.

- 밤엔 이런 풍경이었나?

나는 주변이 하도 신기해서 두리번거리고만 있었다. 밤바람은 조금 싸늘했다. 호수 근처라 더 그런 것 같았다.

그때였다.

술에 잔뜩 취한 사내들이 어머니에게 다가왔다. 젊은 여인과 어린 아들. 사내들에겐 수작을 부리기에 만만한 상대였을 것이다. 나는 어머니 팔을 잡았다. 하지만 어머니는 눈을 감은 채 말했다.

- 기도하는데 뭐가 두렵니?

정말 그랬다.

사내들은 어머니의 옆모습을 흘긋거리더니 정색을 하고 돌아섰다. 나는 사내들이 두려웠는데 그들은 어머니가 두려운 것이었다. 나는 안도의 숨을 힘껏 내뱉었다가 어머니와 함께 집으로 돌아왔다.

어딘가 어색하고 거리감이 느껴졌다. 기도를 마친 후의 어머니는. 어머니와 나 사이에 얇은 장막 같은 것이 쳐진 것도 같았다. 어쨌든 그날부터 나는 어머니의 기도를 이어 갔다.

오늘도 10살 때의 옛 기억이 나를 이 자리로 이끈 것이다.

어머니는 분명 하나님의 딸이었다. 어떤 위기 앞에서도 어머니에겐 기도가 먼저였다. 가족들이 주먹을 불끈 쥐고 분노를 쏟아내고, 슬픔의 눈물 앞에 주저앉을 때에도 어머니는 무화과나무 아래로 달려가곤 했다.

하나님에게 말해야 한다고, 누구보다 하나님에게 먼저 쏟아 내어야 한다고 어머니는 생각하는 것 같았다. 깊은 기도의 뿌리가 어머니의 헝클어진 마음을 다잡아 주고 있는 듯했다.

*

형이 '열심당'에 가입하겠다고 할 때도 어머니는 동요하지 않았다. 당원들은 옷 속에 칼을 숨긴 채 거리에 나타나, 친 로마파 유대인을 죽이고 사라지는 사람들이었다.

형은 하나님의 도움을 기다리기만 해서는 안 된다고 말했다. 무력을 통해서라도 로마로부터 벗어나야 한다고 했다. 그렇게 하나님의 때를 앞당겨야 한다고 했다.

결국 형이 집을 떠나는 날이 다가왔다. 하지만 어머니는 형을 붙잡지 않았다. 대신 무화과나무 아래로 걸어갔다. 나도 어머니 뒤를 좇았다. 형을 말릴 사람은 어머니밖에 없었다. 어머니가 형을 붙잡아 주어야 한다, 말하고 싶었다.

형과 어머니, 그리고 나.

우리는 어둠 속에 있었다. 우리를 유일하게 비춰 주고 있는 건 아기 주먹처럼 작은 달빛뿐이었다. 달빛조차 없다면 우리의 마음을 이해할 수 있는 건 오늘 밤 아무 것도 없는 것이다. 억울했다.

- 형!

나는 화가 나 있었다.

- 내가 갈게. 나도 빨리 독립이 됐음 좋겠어. 기다리는 거 지긋지긋해. 한방에 해결되는 뭔가가 좀 있음 좋겠어.

나는 형의 오른쪽 허리에 꽂혀 있는 칼을 잡으며 말했다.

- 넌 좀 가만히 있어.

형이 내 어깨를 다독였다.

홍해를 건넜을 때, 광야에서 40년을 살았을 때, 천년 다윗 왕 시대에, 솔로몬 왕이 지혜를 논할 때, 예레미야 선지자가 지하 감옥에 갇혀 눈물을 흘릴 때, 그리고 에스겔, 다니엘, 호세아, 요엘 선지자들이 목숨을 걸고 하나님을 부른 때를 생각해 본다.

로마의 지배라니, 상상조차 할 수 없는 일이다. 민족 이스라엘이 이렇게 무너지다니……

칼을 가방에 넣고 나가는 형과, 기도의 나무로 달려가는 어머니. 이제 그 사이에서 내가 할 수 있는 것은 비명을 지르는 것뿐이었다. 어떤 소리라도 내야 어머니와 형 사이에 내가 있다는 것, 우리 모두가 살아 있다는 걸 증명할 수 있었다.

*

빌립을 만난 건 형이 떠난 다음 해 6월이었다. 그날도 나는 무화과나무 아래 있었다. 무더위가 시작되고, 곧 폭염이 닥칠 것 같았다.

열대야가 시작되면 나무 아래에서 밤잠을 청해야 할지도 몰랐다. 무화과 향기 때문인지 사방에서 벌레들이 날아들었다. 온몸이 벌레에 물린 자국으로 빨갛게 부어올라 있었다. 아이들이 몰려다니며 곤충을 잡으러 다니는 소리가 합창처럼 들리는 오후였다.

그때였다.

빌립이 나를 발견하고는 얼굴에 환한 미소를 지으며 뛰어왔다.

"나다나엘!"

빌립은 어딘가 상기되어 있었다. 내 어깨를 잡으며 말했다.

"그분을 만났어. 이사야 선지자가 말한 예수님. 아, 마침 저기 오신다."

빌립은 올리브 나무를 가리켰다.

점점 가까이, 한 분이 나를 향해 걸어오고 있었다. 그분은 어느새 내 앞에 다가와 있었다.

"당신은 참 이스라엘 사람이지요?"

그가 말했다.

"저를 아세요?"

내가 물었다.

"무화과나무 아래에서 기도하는 걸 봤어요."

그가 대답했다.

……그런데, 이분 같았다. 이분이 어머니가 기다리던 분 같았다.

순간, 나도 모르게 무릎을 꿇었다.

"선생님, 말씀해 주세요. 우리가 기다리던 분인가요? 하나님의 아들인가요?"

그가 나를 일으켜 세웠다.

"앞으로 더 큰일을 볼 거예요. 하늘이 열리고 하나님의 천사들이 오르내리는 걸 볼 거예요."

나는, 그분이야말로 어머니가 기도하고 기다리던 분이라 확신했다. 심장이 뛰었다. 살아 있다는 느낌이 그 어느 때보다 강렬하게 들었다. 그분의 거룩한 힘이 나를 자석처럼 끌어당기고 있었다.

더 이상, 그를 따르는 데 망설일 이유가 없었다.

> - 나다나엘은 예수님을 만난 뒤, 고국을 떠나 동인도에서 복음을 전했다. 또한 아람어로 된 마태복음을 가지고 이집트의 알렉산드리아에 가서 복음을 전하고 교회를 세웠다. 그는 소아시아 지방을 거쳐 아르메니아에서 몇 년 간 전도하다가 십자가에서 순교하였다.
> -『카톨릭 성인전』, 김정진 편역, 카톨릭출판사(2016), 310쪽.

예수께서 말씀하셨다.
"내가 진실로 너희에게 말한다. 너희는 하늘이 열리고 하나님의 천사들이 인자 위에 오르락내리락 하는 것을 보게 될 것이다."
- 요한복음 1:51

22. 나는 나무 십자가

지금 내 몸에는 사람이 못 박혀 있어요. 오후의 뜨거운 태양이 나를 정면으로 쏘아보고 있고, 주위의 풀들은 그 열기에 불타 재가 될까 두려워 떨고 있어요.

나는 사람이 채찍에 맞을 때부터 지켜보고 있었어요. 군인들은 조롱하며 그의 야윈 몸을 채찍으로 내리쳤어요. 옆에 있는 제사장들은 그저 야릇한 미소를 짓고 있었어요.

그건 주인이 자기 낙타나 나귀에게나 하는 채찍질이었어요. 사람이 사람에게 할 수 있는 행동이 아니었어요. 주위에는 많은 구경꾼들이 있었는데, 그들은 말 그대로 진짜 구경을 하고 있었어요.

심심하던 오후에 흥미진진한 사건이 생겨 마침 잘 되었다거나, 누군가를 한 대 치고 싶던 차에 그보다 몇 십 배는 더 강한 폭력을 보며 구경하고 있었어요. 마치 그동안 자신을 억눌러 왔던 공격성이 해소된 듯, 사막에서 물 한 모금을 마신 듯, 쾌감에 젖어 있었어요.

난 그들의 잔인함에 치가 떨렸어요. 산에서 보잘 것 없는 나무로 살면서 숱하게 추악한 일들을 봐 왔지만, 오늘처럼 절망적인 적은 처음이었어요.

잠시 후, 한 여인이 주변의 부축을 받으며 다가왔어요. 사람이 채찍에 맞을 때마다 자신에게 매질이 가해지듯, 비명 소리를 내는 여인은 사람의 어머니인가 보았어요. 여인은 가슴을 움켜쥐며 눈물을 흘리다가 그만, 그 자리에 쓰러지고 말았어요.

다른 한 무리도 있었어요. 그들은 사람의 어머니와 짐승 같은 군인들, 가면을 쓴 제사장들 '사이'에 있는 자들이었어요. 채찍에 맞고 있는 사람이 안타깝지만, 여인처럼 고통에 참여할 용기는 없는 것 같았어요. 경계에 선 그들은 중요한 선택을 해야 할 듯했어요. 나는 그들이 가장 딱해 보였어요.

*

산 중턱에 십자가가 세워졌을 때, 사람의 몸은 이미 짙은 보라색으로 변해 있었어요. 두 손과 두 발을 못으로 고정시켰지만, 땅에 발을 딛지 않은 채 공중에 떠 있다는 것은 너무나 위태로운 모습이었어요. 육체의 모든 장기와 피가 밑으로 쏠려, 극심한 공포와 고통에 필사적으로 저항해야만 하는 상황이었어요.

나는 그에게 어떤 말도 할 수가 없었어요. 내가 건넬 수 있는 위로란 그저, 내가 더 단단하게 우뚝 서는 것뿐이었어요. 우리는 하나가 되는 수밖에 없었어요. 더 깊이 연결되어야 했어요. 그 절박한 순간에 그의 오랜 기도가 떠올랐어요.

사람은 매일 아침 동이 트기 전, 내가 있는 산에 올라왔어요. 이슬이 잎사귀마다 맺혀 있고 흙은 굳어 있을 때였어요. 한여름에도 새벽바람은 차가웠어요.

그날은 밤사이 비가 내려 산 전체가 축축이 젖은 날이었어요.

"쿵"

중력이 있는 힘을 다해 빨아들인 듯, 사람은 무릎을 구부린 채 온 힘을 다해 땅에 엎드렸어요. 그렇게 그 기도는 한 시간 두 시간, 이슬이 마르고 세상이 온전히 깨어날 때까지 이어졌어요.

난 사람의 언어를 이해하지 못해요. 소리로만 느낄 뿐이죠. 그런데 그 목소리가 어찌나 평화로운지 어떤 부분에서는 의미를 알 것도 같았어요.

푸른 칡뿌리가 가진 단단함, 백향 목의 위풍당당함, 꽃이 피어나기 전의 진통, 시들어 갈 때의 아쉬움, 무화과, 올리브, 포도, 살구, 호두, 석류 열매가 만들어질 때의 조마조마함, 크고 단단하게 영글어 갈 때까지의 조용한 기다림. 사람의 말도 우리들의 마음과 닮아 있었어요.

어느 한밤중엔, 그가 고단한 몸으로 산에 올라 온 적도 있었어요. 흐트러진 긴 머리에 수염이 얼굴을 뒤덮고 있고, 낡고 헤어진 겉옷에는 땀자국이 군데군데 얼룩져 있었어요.

그는 주위를 둘러보며 마르고 평평한 땅을 골랐어요. 단단한 돌을 베개 삼아 노숙을 하려는 것이었어요.

나는 잎사귀가 큰 나뭇잎으로라도 그를 덮어 주고 싶었어요. 가지를 있는 힘껏 늘어뜨려 바람을 막아 주고 싶었어요. 온 힘을 다해 빌레들로부터, 밤에 어슬렁거리는 산짐승들로부터, 산속의 소음으로부터 그를 지켜 주고 싶었어요. 실은, 이것밖에 할 수 없다는 게 안타까웠어요. 난 보잘것없는 나무일 뿐이니 말예요.

얼마 전 아침도 기억나요. 그는 제자들과 함께 이곳 겟세마네동산 언덕으로 올라왔어요. 그리고는 혼자 조금 떨어진 곳으로 갔어요. 여느 때처럼 땅에 엎드렸어요. 그리고 기도가 시작되었어요.

- 아버지. 아버지께는 모든 것이 가능하니 이 잔을 내게서 옮겨 주세요. 하지만 내 뜻대로 하지 마시고 아버지의 뜻대로 해 주세요.

기도가 얼마나 간절했던지 그의 눈가에서 핏방울이 뚝뚝 떨어지고 있었어요. 기도가 계속될수록 그의 온몸은 피로 젖어 갔어요.

*

산에서 한 그루 나무로 산다는 것이 얼마나 외로운 일인지 아세요? 봄과 여름, 가을과 겨울의 변화를 견디며, 태풍이 불면 가지가 잘려 나가는 걸 보고 있어야 했어요. 장마엔 땅바닥에 떨어진 나뭇잎이 냄새를 풍기며 썩어 가는 것도 두고 보아야 했어요. 폭우엔 뿌리부터 물에 차 몸통 전체가 휘청거려도 온 힘을 다해 버텨야 했어요.

몸의 일부가, 팔과 다리와 가슴이 잘려 나가는 아픔 때문에 미칠 지경인 적이 한두 번이 아니었어요. 하지만, 머리가 아프도록 통곡을 하며 잊는 수밖에 없었어요.

그럴 때면, 수액이 아닌 피고름을 내며, 제발 누군가의 도끼에 찍혀 장작으로 불 속에 던져지기를 바랐어요. 고통을 견디며 시간을 보낸다는 것은 결코 쉬운 일이 아니었어요. 목숨을 던지고 싶을 만큼 절망적인 일이었어요.

그런데 도대체 이 사람은 어떤 사람인가요? 눈물이 땀이 되고 땀이 피가 될 때까지 머무를 수 있는 사람, 온몸으로 고통을 받아들일 수 있는 사람인 그는.

*

가시면류관을 쓴 사람은 십자가에서 실오라기 하나 걸치지 않은 채로 3시간 이상 매달려 있어요. 구름이 손에 잡힐 듯 가까이에 있고 천둥, 번개에서 폭탄이 터지는 소리가 나요. 땅이 움직이고, 바람이 거세게 불고, 높이 달린 십자가 전체가 흔들려요.

하지만 사람은 내내 고요해요. 그의 눈빛은 광채로 빛나고 불꽃처럼 밝아요. 곧 죽음이 다가오고 있는데도요.

- 그러나 3일 안에 다시 살아날 거란다.

그가 제자들에게 하던 말이 생각났어요. 그리고 이제 나는 그 말을 믿을 수 있게 되었어요.

- 사랑한단다
- 뉘우치렴
- 한 번 더 용서하렴
- 함께 있어 줄게
- 나는 돌아올 거란다

라던 그의 말도 이해할 수 있을 것 같았어요.

그는 진짜 신이었어요. 사람들의 다툼 속으로 용감히 걸어 들어가 그들을 격렬하게 끌어안은 신이었어요.

세상과 하늘의 평화를 이루기 위해 죽어 간, 고통당한, 진짜 하나님의 아들 신분을 내려놓은, 하늘과 땅에 십자가 다리를 놓은. 그는 그런 신이었어요.

이제 그는 곧 숨을 거두겠지요. 하지만 나는 그가 살아서 다시 올 날을 기다릴 거예요. 그의 몸을 안고 있었을 때에 나던 냄새를 떠올리며, 시간이 아무리 오래 걸려도 기다릴 거예요.

그가 나를 업고 골고다 산을 올라갔듯, 그가 내 옆에 머물렀던 순간이 만들어 준 추억, 쉼 없는 기도와 통곡, 함께 보았던 구름과 번개를 기억할 거예요. 가지가 모두 잘려 나가고 땔감으로 버려진 다 해도, 그에게 단단하게 못 박혀 있던 순간을 결코 잊지 않을 거 예요.

지금은 비록 경계에 서 있지만 군중들도, 떠나간 제자들도, 심지어 군사들과 제사장들도 언젠가는 다시 그에게 돌아올 거라는 걸 난 믿어요. 그때까지 수천 년, 수만 년의 시간이 걸린다 할지라도 그런 날이 반드시 올 거라는 걸요.

그들도 언젠가는 십자가에서 죽은 사람을 닮아 갈 거예요. 용기 있게 고통을 견딜 수 있을 거예요. 평화를 위해 죽고, 용서하며, 사랑할 수 있을 거예요.

십자가에서 죽기 전, 그가 지상에서 마지막까지 함께 한 내게 말해 준 것처럼요.

이방 사람들은 인자를 조롱하고 침을 뱉고 채찍으로 때린 뒤 죽일 것이다. 그러나 3일 만에 그는 다시 살아날 것이다.
– 마가복음 10:34

23. 나는 앉은뱅이의 형

나의 첫 기억은 동생이 태어나던 날이었다.

'세상에 이렇게 아름다운 것이 있을까? 이런 게 생명일까?'

그렇게 드린 감사의 기도였다.

부모님이 모두 돌아가시고 우리 형제만 남았을 때도 동생은 내가 살아가야 하는 유일한 이유이며 꿈이었다.

"내 동생 앉은뱅이라고 놀리는 자식들은 다 죽여 버릴 거야."

난 소리를 지르며 마을을 돌아다니곤 했다.

"형, 답답해. 성전에 가자."

우리는 햇볕이 따뜻한 오전 11시가 되면, 늘 성전에서 가장 해가 잘 드는 '이스라엘의 뜰'로 나가곤 했다.

"할 수 있겠어?"

내가 말했다.

"잠깐, 맘의 준비 좀 하고."

동생은 서고 싶다는 희망을, 걷고 싶다는 소망을 한 번도 놓은 적이 없었다. 10년 동안 단 한 번도 포기한 적이 없었다.

동생은 아버지를 닮아 태어날 때부터 다리가 하얗고 길었다. 하지만 한 번도 땅에 발을 디디고 서 본 적이 없었다. 그런 동생의 다리는 작고 약한 동물의 껍질 같았다. 과일 껍질처럼 금방이라도 벗겨질 듯 했다.

'언젠가는 일어서겠지. 걷겠지. 동네 청년들처럼 달리겠지.'

상상했다. 동생이 먼 곳까지 달아나 내가 숨을 헐떡이며 동생을 찾아다니는 날이 오겠지 생각했다. 우리 형제가 한 팀이 되어 같이 달리는 날을 꿈꾸었다.

겨울, 갑자기 눈이 쏟아지면 지상에서 술래가 결코 찾을 수 없는 먼 곳, 높은 곳, 깊은 곳, 좁고 긴 통로를 지나 눈이 만들어지는 태초의 세계로도 갈 수 있겠지, 바라고 또 바랐다.

*

성전에는 에스겔 선지자가 기도하는 모습이 그려진 성화가 있었다. 나는 그림을 볼 때마다 울부짖듯 기도하곤 했다.

'주님, 마른 뼈가 살아나 군대를 이루었다죠? 동생의 다리에도 생기를 부어 주세요. 힘줄을 단단하게 조이고 살을 입히고 가죽으로 덮어 주세요.'

하지만 시간이 지날수록 절망감이 바람처럼 불어왔다. 언제부턴가는 감당할 수 없을 정도였다.

가슴에서 뜨거운 멍울들이 한없이 쏟아져 나왔다. 노랗고 붉고 검고 흰 것들이 땅에 쏟아져 내렸다. 정신을 차릴 수 없을 만큼 몸이 떨려 왔다.

우리는 다시 뜰로 나왔다.

"형, 저 구름이 빵처럼 폭신폭신해. 만나가 하늘에서 떨어졌다는 게 저런 거지?"

동생이 말했다.

하늘은 금방이라도 풍선처럼 빵 터질 듯 부풀어 있었다. 맑고 시원한 물을 얇은 막이 싸고 있는 듯했다.

유월절 무교병과 함께 먹던 음식이 떠올랐다. 양고기를 푹 고아 만들어 체에 거른 뒤, 남은 즙을 얼린 다음, 그걸 밀가루 피로 싸서 저장하는 음식. 손님이 오시면 찜통에 쪄서 대접하던 음식이었다.

하나님이 공간을 만드시고 공간 위의 물과 공간 아래의 물을 나누셨을 때, 하늘이라 불리던 공간에 남아 있던 물을 구름은 아직도 품고 있는 듯했다.

동생이 말했다.

"일어서서 만져 보고 싶다. 어머니 가슴처럼 물컹할 텐데"

나도 손을 뻗어 보았다. 어디선가 엄마의 살 냄새가 훅 끼쳐오는 것 같았다.

내가 대답했다.

218

"네가 있는 것만으로도 감사해, 난."

갑자기 바람이 강하게 불었다. 나도 모르게 몸이 뒤로 젖혀졌다.

순간, 등 뒤에 업혀 있던 동생이 비명을 질렀다. 나는 온몸의 힘을 다 쏟아 뒤로 넘어지지 않기 위해 버텨 내었다. 등 뒤로 땀이 쭈욱 흘렀다. 속옷이 축축하게 젖은 느낌이 올라왔다.

그때였다.

낙엽 한 장이 날아와 발아래 떨어졌다. 매해 가을이면 마당에 켜켜이 쌓여 가던 흔하디흔한 잎이 오늘은 달리 보였다. 아직 꺼지지 않은 생명, 피가 흐르고 있는 동생의 다리를 볼 때처럼 많은 감정이 올라왔다.

"형, 우리 저녁 집회까지 여기서 기다리자. 오늘, 베드로와 요한 사도가 온대. 예수님이 십자가에서 그렇게 되신 뒤 로마 군사들이 베드로 사도를 아주 쥐 잡듯 찾고 있나 봐. 겁이 나는 거겠지. 베드로 사도가 힘이 있다는 걸 아는 거지."

동생이 말했다.

"많이 힘드시겠구나."

내가 대답했다.

"베드로 사도가? 나 참, 로마 군사 수천 명, 아니 수만 명이 달려오라 그래. 꿈쩍이나 하나."

동생이 픽 웃으며 말했다.

저녁이 되었다. 집회 시간이 다가오자 성전 주변은 발 디딜 틈 없이 사람들로 꽉 들어찼다.

바닥까지 끌리는 겉옷을 입은 귀부인부터, 온몸에 냄새가 풍기는 노숙자들, 가난이 묻어 있는 사람들, 거지들, 상처받고 소외되어 사람들과 눈조차 마주치지 못하는 사람들, 귀가 들리지 않는 사람들, 눈이 보이지 않는 사람들 그리고 걷지 못하는 사람들이 파도처럼 성전에 넘쳐 들어왔다.

나는 성전 맨 오른쪽에 있는 '아름다운 문' 입구에 동생과 함께 앉았다. 사람들을 구경하며 한참 동안 그곳에 있었다.

시간이 지나면서 바람이 불어왔다. 나는 옷을 벗어 동생의 다리를 감싸 주었다.

그때였다.

마침 베드로와 요한사도가 성전으로 들어가고 있었다.

"베드로 사도님."

우리 가까이에 왔을 때 나는 가만히 소리를 내어 불렀다. 수많은 군중의 함성에 갇혀 들리지 않을 수도 있겠다, 싶었다. 하지만 목이 바람에 잠겨 작게 부를 수밖에 없었다.

다행이었다. 베드로 사도가 우리 쪽을 쳐다보았다. 나와 눈이 마주쳤다.

순간, 그분의 눈길이 동생의 다리를 향했다. 온화하고 따뜻한 눈빛에 권위가 실리는 순간, 그가 나지막한 목소리로 말했다.

"일어나 걸어 보세요."

"네? 한 번, 한 번 더 말해 주세요."

동생이 말했다.

베드로 사도가 미소를 지으며 말했다.

"일어나세요, 걸어 보세요."

동생이 있는 힘껏 다리에 힘을 주었다. 얼굴이 빨갛게 달아오르고 온몸이 뜨거워질 때까지, 그때까지 세게 힘을 주었다.

점점 동생의 다리가 떨려 왔다. 파란 힘줄이 솟았다. 걸으라는 말만 남긴 채, 베드로 사도는 성전으로 들어갔다.

동생이 나에게 말했다.

"나, 해 볼 거야."

동생은 내 어깨를 꽈악 끌어안은 채 땀을 쏟으며, 다리에 다시 한 번 힘을 주었다. 그리고 마침내 혼자 일어섰다.

동생이 혼자 한 발자국을 떼어 내었다. 아이가 세상에서 첫 걸음마를 하듯 그렇게 한 발 한 발을 조심스럽게 땅에 디뎠다. 그렇게 동생은 아름다운 문 주변을, 이스라엘의 뜰을, 성전을 끝없이 걷고 또 걸었다.

동생은 걷게 되었다. 점점 더 오래 걸을 수 있게 되었다. 걸을 수 있다는 용기가 그의 영혼을 뒤흔들어 놓은 것 같았다.

그러다가 동생은 어느 순간 달리기 시작했다. 내친 김에 나도 함께 달렸다. 숨이 턱 밑까지 차올랐다.

달릴 수 있었다. 세상을 향해 달릴 수 있었나. 더 이상 제자리에만 머무르지 않아도 되었다. 우리는 숨을 몰아쉬었다. 숨이 찼다. 숨이 너무 차서 죽을 것 같았다. 하지만 계속 달렸다. 멈추었다가는 다시 달리지 못하게 될 것만 같았다.

우리가 함께 달릴 수 있다는 게 너무 신기했다. 너무 신기해서 멈출 수가 없었다.

많은 기적이 일어났던 그날 집회 이후, 베드로 사도는 로마 정부로부터 더 많은 압박을 받게 되었다. 그분마저 십자가에 달릴 것이라고 사람들은 말했다. 시간문제라고 했다. 처형을 미루는 건, 흩어진 사도들을 모두 잡아들이기 위해 볼모로 삼아 두려는 것뿐이라고 했다.

모든 집회는 중단되었다. 베드로는 감옥에 갇혔다. 사람들을 만나고 기도문을 쓰는 일은 물론, 말 하나 움직임 하나마저 감시당하며 허울뿐인, 가짜 재판을 기다리고 있었다.

예루살렘은 물론, 이스라엘 곳곳에서 사도들이 체포되었다는 소식이 들려왔다.

매일 아침마다 성전을 걷던 동생과 나는 기도의 방향을 바꾸었다.

"주님, 걸을 수 있게 해 주셔서 너무 감사해요. 이제는 주님을 향해, 주님 계신 곳을 바라보며 걸을게요."

나는 기도했다.

더 이상 동생과 함께 앉아 있어야 할 때가 아니었다. 내가 일어서야 할 때였다. '마을 기도 공동체' 사람들과 함께 예수님을 위해 일어서야 할 때였다. 달려야 할 때였다.

물론, 내가 살아가야 하는 이유인 동생과 함께 말이다.

베드로가 말했다.
"은과 금은 내게 없으나 내게 있는 것을 당신에게 주겠소.
나사렛 예수 그리스도의 이름으로 일어나 걸으시오"

– 사도행전 3:6–7

24. 나는 예수님께 간 아이

예수님, 안녕하세요? 저 샤론이에요. 예수님을 뵌 지 많은 시간이 흘렀어요. 그동안 여러 가지 일이 있었어요. 무엇보다, 남편을 만나 믿음의 가정을 꾸리고 한 아이의 엄마가 된 것이 가장 큰 변화예요.

게다가 그때의 예수님처럼 저도 30살이 되었어요. 저는 5년 전부터 '선한 사마리아 센터'에서 일하고 있어요. 예수님이 제가 살던 보육원, '사라의 집'을 찾아오셨던 때가 실은 잘 기억나지 않아요. 제가 겨우 3살 때쯤이었으니까요. 다만 어떤 냄새, 촉감 같은 것들이 마음속에 맴돌다 사라지곤 해요.

그날은 마침, 우리 집에서 정한 '어린이날'이었대요. 근처 성전의 청년들이 봉사를 왔는데, 한 팀은 사라의 집 건물 안 곳곳에 벽화를 그렸대요. 솜씨가 매우 수려해서 선생님과 아이들이 모두 나와 구경을 했대요. 그때 가장 빨리 말을 배운 시몬이,

- 예쁜 누나, 누나처럼 예쁘게 그려 주세요.

라고 말했는데, 그림 그리던 언니가 갑자기 얼굴이 빨개져 붓을 떨어뜨렸대요. 아무리 말을 빨리 배웠다지만, 4살 된 남자 아이가

생각할 수 있는 말은 아니지요. 선생님이 옆에서 귀띔해 준 것이지요.

두세 살 아이들 놀이방과 수면 방이 있는 2층과 3층. 그 계단으로 올라가는 벽에 그려진 다양한 꽃나무와 올리브나무, 하얀 구름과 작은 벌레는 모두 그 언니의 솜씨래요. 지금은 물감이 바라 많이 지워졌지만, 꽤 오랫동안 제 기억 속에 남아 있는 풍경이에요.

예수님! 그런데, 진짜 멋진 그림이 있어요. 우리 집에 들어서자마자 정면으로 보이는 그림이에요.

실은 우리 집 입구에 마구간 모형이 있어요. 나무로 조각한 구유에 아기 예수님 인형이 놓여 있지요. 옆에는 동방 박사의 모형이 있고 박사들의 손에 들린 보배 합에는 침향, 몰약, 유황이 들어 있어요.

예수님이 놀이방에 오셨을 때 제일 먼저 달려가 품에 안긴 아이가 저였대요. 그때 주님이 저를 품에 안고,

"누구든지 내 이름으로 이 아이를 맞이하면 나를 맞이하는 것이에요. 그리고 나를 맞이하는 사람은 나를 보내신 분을 맞이하는 것이에요."

하셨대요.

그림 봉사를 하던 언니가 마침, 예수님이 저를 안고 계신 모습을 그렸는데 그 그림은 지금까지 마구간 모형 위에 걸려 있어요. 6살이 되었을 때, 예수님 품에 안긴 아이가 저라는 걸 알고 전 너무

225

창피했어요. 모두들 잠들어 있는 밤에 일어나 몰래 그림을 떼어 냈죠. 하지만 곧, 제 사물함에서 그림이 발견되고 말았어요. 이젠 제가 사다리를 타고 올라도 닿을 수 없는, 높은 곳에 걸렸지요.

남자아이들이 그림 속의 저를 놀리곤 했어요. 3살짜리 여자 아이란 사실 남자아이와 별 차이가 없잖아요. 머리카락도 자라지 않았고 표정도 굳어 언뜻 보면 남자아이 같으니까요.

자라나면서 수줍음이 많아진 전, 그림 속의 제 모습을 볼 때마다 너무 부끄러웠어요. 우리 집에 오신 손님들은 모두 예수님을 바라보고 있는데, 저 혼자 괜한 생각을 한 거죠.

하지만 이젠 저도 예수님을 바라보게 되었어요. 주님이 십자가에서 돌아가신 이후엔 더 소중하게 느껴져, 요즘엔 그림 속의 주님을 보러 일부러 그곳에 가곤 해요.

예수님, 제 이름이 왜 '샤론'인 줄 아세요? 오늘처럼 아름다운 5월이면 사라의 집 동산에는 갖가지 꽃이 피어요. 그런데, 그중 가장 예쁘게 핀 것이 샤론의 꽃이었대요.

이곳은 이슬이 많이 내리고 습도가 높은 곳이라 이슬꽃이 대부분인데, 봉사자 한 분이 유다 지방에 갔다가 샤론 평야에만 피는 '샤론의 꽃'을 가져와 심은 거죠. 제가 그해에 태어나 '샤론'이 된 거예요.

그리고 입양…….

아, 주님.

입양이라는 두 글자를 쓰자마자 전 그만 펜을 떨어뜨리고 말았어요. 이젠 그 긴 고통의 숲으로 못 들어가겠어요. 너무 두려워요. 제 이야기를 하려면 아직 멀었는데, 아쉽지만 그만 써야 할 것 같아요.

침대에 가서 좀 누울게요. 마침 센터에 사람이 있어 며칠 쉴 수 있어요. 그런데, 언제 또 편지를 이어 쓸 수 있을 모르겠어요. 곧 다시 일어나 쓰고 싶은데 도저히……, 안 돼요. 그만 마칠게요.

*

주님. 3일 동안 침대 밖으로 한 발자국도 나오지 못했어요. 긴 우울감이 저를 사로잡았어요. 다행히 아침에 남편이 센터에 들러 작년에 말려 놓은 무화과와 포도주를 2일 분량 정도 가져다 주었어요. 그걸 먹고 겨우 정신을 차렸어요.

그 사이 제겐 기적이 일어났어요. 오랜 몸살 끝에 양부모님이었던 분을 이해하게 되었어요. 사실 그동안 전, 그분들에 대한 깊은 미움 때문에 고통스러웠어요. 3일 내내 이불 속에 누워 이미 돌아가신 그분들을 수없이 원망했어요. 그런데 그 후에……, 제가 그분들에게 상처 주었던 일들이 떠올랐어요.

맞아요. 그분들도 저처럼 고통스러웠을 거예요. 저 때문에 죽고 싶었을 거예요. 우린 도대체 얼마나 잔인하게 싸운 걸까요.

시몬과 드보라, 그리고 저는 6살까지 입양이 안 돼 원장님의 속을 썩였어요. 그러던 어느 날 신앙심 좋은 한 가정에서 우리 셋을 모두 입양하겠다는 소식이 왔어요. 조금 얼떨떨하긴 했지만, 솔직히 너무 기뻤어요. 그동안 입양되는 친구들을 무척 부러워하고 있었거든요.

가기 전날엔 밤사이 내내 뒤척였어요. 엄마와 아빠가 생긴다는 건 세상을 모두 가진 것 같았어요. 줄 서서 목욕을 하지 않고 식판에 빵을 먹지 않고 단체로 소풍을 가지 않아도 되니까요. 하지만 입양된 지 딱 3일이 지나자마자, 꿈은 멀리 달아났어요.

우린 사라의 집에 있을 때처럼 매일 밤, 잠을 자지 않으며 칭얼거렸어요. 그리고 양부모님은 그걸 너무나 힘들어했어요. 그분들의 맘에 드는 착하고 예쁜 딸이 되고 싶었어요. 하지만 어떻게 해야 하는지 몰랐어요. 매번 어긋나고 삐꺽거렸어요.

양부모님의 훈육이 계속될수록 전, 친엄마 아빠가 너무나 원망스러웠어요. 겨우 15살이던 친엄마는 절 키울 힘이 없어 낳자마자 사라의 집 앞에 두었대요. 원하지 않는 아이였겠지요.

하지만 저를 좀 보세요. 이 고통스러운 삶을 대체 언제까지 어떻게 살아가라는 건가요? 겨우 6살도 이렇게 힘든데……. 아침엔 하늘을 떠도는 꿈을 꾸고 저녁엔 죽음을 생각했어요. 딱 20살까지만 살아 보고 그 후엔 그만 살자고.

사고는 순식간에 일어난 게 아니었어요. 양부모님은 우리가 규칙을 어길 때마다 밖으로 내쫓고 문을 잠갔어요. 그런데 그날은 드보라가 감기에 걸린 날이었어요.

시몬과 전 드보라를 꼭 끌어안고 조금 더, 조금만 더 버티자, 다짐했어요. 그런데 드보라의 몸은 이미 뿌리 뽑힌 꽃나무처럼 딱딱하게 굳어 가고 있었어요.

드보라의 심장이 멈춘 뒤, 양부모는 재판에 넘겨졌고 시몬과 전 다시 사라의 집으로 돌아왔어요. 우리를 위해 선생님들이 매일 회의를 하고 많은 의사 선생님들이 다녀갔어요.

하지만 우린 이전으로 돌아가지 못했어요. 누군가 검은색 물감으로 마음을 가득 칠해 놓은 것 같았어요. 며칠간 잠들지 않아도 졸리지 않았어요.

염소나 사슴 머리에 있는 단단하고 뾰족한 무엇이 머리에서 제멋대로 솟아나는 것 같았어요. 창문에 비치는 얼굴이 너무 미워 하루 종일 차디찬 돌계단에만 앉아 있었어요.

그렇게 1년이 지난 뒤 다행히 우린 회복됐어요. 입양 가기 전처럼 늦잠을 잤어요. 식판에 담긴 빵과 포도 주스, 몇 가지 과일과 잼, 양 고기를 하나도 남기지 않고 먹어 칭찬을 받았어요.

시간표대로 단어 카드를 만들고, 장난감을 친구들과 사이좋게 나누어 놀고, 매주 우리와 놀아 주기 위해 온 언니 오빠들과 즐거

운 시간을 보내고, 아쉬운 이별을 하고, 다음 주에 만나리라 약속
을 했어요.

그러던 어느 날, 악몽을 꾸고 일어난 오후 3시였어요. 오후 3시
엔 늘 심장이 두꺼운 책으로 누르듯 조여와 한동안 누워있어야 했
어요. 물 한 모금 마시러 갈 힘도 없었어요.

그런데 그날의 악몽은 특별했어요. 잠을 깨고 난 후에도 오랫
동안 저를 괴롭혔어요. 너무 고통스러워 나쁜 꿈에서 벗어날 수만
있다면 무엇이라도 하고 싶었어요.

3층이었는데 창가로 뛰어갔어요. 그리고 아래를 내려다봤어요.
조금 무서웠지만, 그대로 도망치고 싶다는 충동이 어느 날보다 강
하게 일었어요.

마침내 결심이 섰어요.

창문을 열고 발을 디디려는 순간,

……전 분명히 봤어요. 주님이 서 있는 것을요. 아무 표정도 손
짓도 없이 그냥 서 있기만 한 주님. 그런데, 그 존재감이 울창한 나
무처럼 느껴졌어요. 창문 앞에 심겨진 단단한 나무처럼요.

이윽고 저는 숨을 크게 들이마셨어요. 주방으로 가 물을 마시고
정신을 차렸어요.

또 기억나요. 폭설로 봉사자들이 아무도 오지 못한 겨울이었어
요. 저 혼자 놀이방에서 20명의 아이를 돌보고 있었죠. 한 아이가
응가를 해서 정신이 없었어요.

게다가 그 와중에 남자아이들끼리 싸움이 붙어 엉망이었어요. 이때다 싶은지 나머지 아이들은 밖으로 우르르 몰려 나갔어요. 그러다 한 아이의 손이 문에 끼었어요.

전 머리가 천장으로 올라간 듯 쭈뼛 섰어요. 두 손과 두 발은 날카로운 것에 찔린 듯 따갑고 아팠어요. 이런 상황이 계속 된다면, 앞으로 매일 이런 일들 뿐이라면, 난 얼마나 견딜 수 있을까. 슬픈 생각이 들었어요.

그때였어요.

시간이 멈춘 듯했어요. 전 분명히 느꼈어요. 주님이 우리들 가운데 앉아 있는 것을. 아무것도 하지 않고 그냥 앉아 있는 주님 옆에, 고소한 빵 냄새가 풍기고 있는 것을.

어쩌면 주님은 아침부터 있었는데, 저만 모르고 있었나 봐요. 아이들은 주님이 함께 있는 것을 보고 자기 하고 싶은 걸 하며 장난을 치고 있었는데, 저만 허둥지둥이었던 거예요. 그렇죠, 주님?

20살이 되었을 때 저는 '선한 사마리아 센터'에서 일하게 되었어요. 이곳은 사라의 집과 연결된 곳이에요. 전 원장님의 추천을 받아 들어왔어요. 그리고 일반 사무를 보고 있어요.

이곳은 집이 없는 사람들, 집이 있어도 갈 수 없는 사람들이 잠시 머무는 곳이에요. 원하면 상담도 받고 치료도 받을 수 있어요. 세상에서 상처받은 사람들은 우울하고 불안한 마음이 고요해지고 진정한 평화가 찾아왔을 때, 마침내 '주님의 방'을 찾아가요. 진짜 주님을 만나게 돼요.

오늘 아침엔 '마가 선교사'로부터 편지 한 통을 받았어요. 이집트의 알렉산드리아에서 일하고 있대요. 주님의 제자였던 마가 선교사님은 종종 주님과 함께 했던 이야기를 들려주곤 했어요. 얼마나 흥미진진하고 재밌었는지 몰라요.

제가 조금만 컸어도 주님을 신나게 따라다녔을 텐데, 그러지 못한 것이 너무나 아쉬워요. 그래도 주님을 처음 만난 순간부터 지금까지 제 마음속엔 늘 주님이 있어요. 그리고 지금도 그렇다는 걸 전 알아요.

아직 5월이지만 아침, 저녁으로 바람이 쌀쌀해요. 출퇴근할 때 옷 단단히 입고 다닐게요. 그럼 건강한 모습으로 다시 뵈어요.

안녕, 나의 예수님.

예수께서 말씀하셨다.

"어린 아이들을 내게 오게 하라. 그들을 막지 말라. 하늘나라는 이런 어린 아이 같은 사람들의 것이다."

- 마태복음 19:14

집으로 돌아와서

긴 여행을 마치고 나는 무사히 집으로 돌아왔다. 종종, 그곳에서 겪었던 따뜻하고 아름다운 추억들, 갓 태어난 아기의 머리카락처럼 신기하고 소중한 기억들이 소나기처럼 떠올랐다.

동네에서 산책을 하거나, 이웃 사람들을 만나거나, 자주 가는 카페에 들어가 혼자 차를 마시거나, 딸기 케이크를 포장해서 친구 집을 방문할 때 등등, 시간과 장소를 가리지 않고 생각났다.

그래서 나는 혼자 웃는 날이 많았다. 우산을 가지고 나가지 않아 비를 쫄딱 맞고도, 핫 초코를 마신 것처럼 가슴이 뜨거워지는 날이 많았다.

오늘 아침에도 그랬다. 편의점에서 캔 커피를 하나 사서 한 손에 들고 마시며 실실 웃고 다녔다. 실은, 주민 센터에 들러 재활용 스티커를 사려고 나선 길이었다.

"어랏, 여기 교회가 있었나?"

나는 그 자리에 멈춰 섰다. 10년째 살고 있기에 동네 지리를 훤히 꿰고 있는 내가, 아직도 모르는 곳이 있었나? 생각했다.

아마도 여행을 다니는 동안 지어진 교회인가 보았다. 호기심이 많은 나는 무심코 안으로 들어갔다. 입구에는 아카시아 나무로 만든 십자가가 세워져 있었다. 아카시아 향은 언제 맡아도 너무 좋았다. 게다가 엉겅퀴 꽃이 십자가에 꼭 붙어, 한 송이씩 위를 향해 피어 올라가고 있었다.

나무 십자가!

마치 첫사랑을 만난 것처럼 심장이 너무 빨리 뛰는 바람에, 나는 아무것도 할 수 없었다. 얼음 기둥이 된 것 같았다. 구름과 구름, 구름과 땅 사이에서 전기가 밖으로 흘러나와 불꽃이 바로 눈앞에서 번쩍 번쩍하는 것만 같았다.

수십 가지의 감각과 감정이 조그만 머릿속을 쉼 없이 움직이는 동안, 나는 그대로 서 있을 수밖에 없었다. 모든 시간이 멈춘 것 같았다.

누군가 리모컨으로 정지 버튼을 누른 것 같았다. 잔잔히 불어오던 바람도, 아쉽게 떨어지던 잎들도, 분수 구멍에서 세차게 뿜어나오던 물방울들도, 아이스크림을 먹으며 태권도 학원을 가던 아이들도, 꽃봉오리처럼 귀하고 예뻐 활짝 피어날 때까지 제발 아무 일도 일어나지 않기만을 바라게 하는 소녀들도, 인정 없고 배려 없는 세상에 실망해 인상을 잔뜩 찌푸리고 걷던 건강하고 잘생긴 청년들도 모두,

'즐겁게 춤을 추다가 다 같이 멈춰랏!'

노래를 들은 것 같았다.

만약 이 정지 화면에서 내가 움직일 수 있다면, 내가 꿈꾸고 상상하는 어떤 것이든 다 할 수 있다면, 나는 무엇을 할 것인가, 어떻게 살 것인가…….

그렇게 한 5분쯤 지났을까.

빠르게 뛰던 심장도 정상이 되고, 다리를 조여 오던 경련도 가라앉았을 때, 나는 천천히 한 걸음을 내딛었다. 그리고 작은 가슴을 더 작고 동글게 만들었다.

한 걸음을 더 내딛었다.

나무 십자가의 품에 조용히 다가갔다.

그대로 꼬옥 안겼다.

인용한 성경 구절

여호와께서 아브람을 밖으로 데리고 나가 말씀하셨다.
"하늘을 올려다보고 별을 세어 보아라. 과연 셀 수 있겠느냐?"
그리고 말씀하셨다.
"네 자손도 이와 같을 것이다."
- 창세기 15:5

내가 그녀에게 복을 주어 반드시 그녀를 통해서 네 아들을 낳게
하겠다. 또한 많은 나라의 어머니가 되게 하고, 나라의 왕들이 나
오게 하겠다.
- 창세기 17:16

하나님께서 들판의 성들을 멸망시키실 때 아브라함을 기억하셨
다. 그래서 롯이 살던 성들을 뒤엎으실 때 그 가운데 롯을 구해주
셨다.
- 창세기 19:29

이제 네 이름은 더 이상 야곱이 아니라 이스라엘이다.

네가 하나님과 겨루고 사람들과 겨루어 이겼기 때문이다.

- 창세기 32:28

삼손이 여호와께 부르짖으며 말했다.

부디 저를 기억해주십시오. 이번 한 번만 제게 힘을 주십시오.

제 두 눈을 뺀 블레셋 사람들의 죄를 갚게 해 주십시오.

- 사사기 16:28

내가 바알에게 무릎 꿇지 않고, 입을 맞추지 않은 사람들 7천 명을 이스라엘에 남겨두었다.

- 열왕기상 19:18

여호와여, 응답해 주십시오.

주는 하나님이시며 주께서 그들의 마음을 돌이키게 하시는 분임을 이 백성들이 알게 해 주십시오.

- 열왕기상 18:37

많은 사람이 깨끗하고 하얗게 단련될 것이다. 그러나 악한 사람은 계속 악을 행할 것이다. 악한 사람은 알아듣지 못할 것이다. 하지만 지혜로운 사람은 알게 될 것이다.

- 다니엘 12:10

느헤미야가 그들에게 말했다.

"좋은 것과 단 것을 마시고 아무 것도 준비하지 못한 사람들에게도 나누어 주라. 이 날은 주의 거룩한 날이다. 슬퍼하지 말라. 여호와를 기뻐하는 것이 너의 힘이다."

- 느헤미야 8:10

알지도 못하면서 말로 이치를 어둡게 하는 사람이 누구냐? 욥아. 너는 대장부처럼 허리를 묶고 나서라.

내가 땅의 기초를 놓을 때 네가 어디 있었느냐?

내가 크기를 정하고, 그 위에 줄을 쳤다.

기초를 단단히 하고 모퉁잇돌을 놓았다.

그 때 새벽별들이 노래하고 모든 천사들이 기뻐했다.

바닷물이 쏟아져 나올 때 나는 문을 닫아 물을 막았다.

구름을 바다의 옷으로 삼아 짙은 어둠으로 두르고 한계를 정했다.

네가 아침에게 명령을 내린 적이 있느냐?

새벽에게 자리를 알게 해 땅 끝을 붙잡고, 악인을 흔들어 떨쳐낸 적이 있느냐?

그 때 악인에게서 빛이 거두어지며 그의 높이 든 팔이 부러졌다.

네가 바다의 근원에 가 본 적이 있느냐?

물 밑으로 걸어 본 적이 있느냐?

죽음의 문을 열어본 적이 있느냐?

땅이 얼마나 넓은지 깨달은 적이 있느냐?

빛의 근원지로 가는 길을 아느냐?

눈의 창고에 들어가 본 적이 있느냐?

그 창고는 내가 고난의 때를 위해, 전쟁의 날을 위해 준비한 것
이다.

해가 뜨는 곳에 가 본 적이 있느냐?

동쪽 바람이 어느 쪽으로 흩어지는지 아느냐?

폭우가 빠지도록 물에 길을 냈느냐?

누가, 사람이 살지 않는 땅 아무도 없는 광야에 비를 내리고 황
폐하게 버려진 땅을 비옥하게 하여, 무르고 부드러운 풀에서 싹이
나게 했느냐?

누가 비와 이슬방울을 낳았느냐?

얼음이 누구의 태에서 나왔느냐?

하늘의 서리를 누가 냈느냐?

북두칠성을 묶을 수 있느냐?

오리온의 줄을 풀 수 있느냐?

때에 따라 별자리를 낼 수 있느냐?

별들을 인도할 수 있느냐?

하늘의 법칙을 아느냐?

땅을 다스리는 주권을 세울 수 있느냐?

번개를 보내 번개가 가면서 '우리가 여기 있소'라 말하게 할 수
있느냐?

누가 지혜를 주었느냐?

누가 마음 속 지각을 주었느냐?

누가 구름을 셀 수 있느냐?

티끌이 뭉쳐져 진흙이 되고 그 덩어리가 달라붙게 할 수 있느냐?

네가 사자를 위해 먹이를 사냥할 수 있느냐?

배고픈 어린 사자를 배부르게 할 수 있느냐?

까마귀가 먹이가 없어 부르짖을 때 먹이를 줄 수 있느냐?

내 명령으로 독수리가 하늘로 날아오르고 높은 곳에 둥지를 만
든다.

보라. 강물이 넘쳐도 놀라지 않으며, 물이 불어 입에 차도 태연
하다.

누가 그걸 막을 수 있겠느냐?

전능자인 나와 싸워 나를 가르치려 하느냐?

하나님을 나무라는 사람아, 대답해 보아라.

- 욥기 38, 39

그분은 내가 가는 길을 아신다. 그분이 나를 시험하시면 내가
순금같이 나올 것이다. 내 발이 그분의 발자취를 딛고 옆길로 새

지 않았으며 그분의 길을 지켰다.

- 욥기 23:10-11

베드로가 말했다.

"제 발은 절대로 씻기지 못합니다."

예수께서 대답하셨다.

"내가 너를 씻겨 주지 않으면 너는 나와 아무 상관이 없다."

- 요한복음 13:8

예수께서 자신의 몸에서 능력이 나간 것을 알아차리셨다. 사람들을 돌아보며 물으셨다.

"누가 내 옷자락에 손을 대었느냐?"

- 마가복음 5:30

예수께서 중풍병자에게 말씀하셨다.

"일어나 네 침상을 가지고 집으로 가거라."

그러자 그는 사람들 앞에서 일어나, 침상을 들고 하나님을 찬양하며 자기 집으로 돌아갔다.

- 누가복음 5:24-25

예수께서 사람들에게 풀밭에 앉으라고 말씀하셨다. 빵 다섯 개와 물고기 두 마리를 들고 하늘을 우러러 감사 기도를 드리신 뒤 빵을 떼셨다. 빵조각을 제자들에게 나눠 주셨다. 제자들은 사람들에게 나눠 주었다. 5천명이 먹고도 남았다.

  - 마태복음 14:19

  내가 주는 물을 마시는 사람은 영원히 목마르지 않을 것이다.

  내가 주는 물은 계속 솟아올라 영생에 이르게 하는 샘물이 될 것이다.

  - 요한복음 4:14

  예수께서 말씀하셨다.

  "나도 너를 정죄하지 않겠다. 이제부터 다시는 죄를 짓지 마라."

  - 요한복음 8:11

  아들이 돌아오자 아버지는 목을 껴안고 입을 맞췄다.

  "어서 가장 좋은 옷을 가져와 이 아이에게 입혀라. 손가락에 반지를 끼우고 발에 신을 신겨라. 살진 송아지를 끌어다 잡아라. 잔치를 벌이고 즐기자."

  - 누가복음 15:32

  예수께서 대답하셨다.

"만일 네가 완전해지고자 한다면 가서 네 재산을 팔아 그 돈을 가난한 사람에게 주어라. 그러면 네가 하늘에서 보물을 얻을 것이다. 그리고 와서 나를 따르라."

그러나 청년은 이 말을 듣고 슬픔에 잠겨 돌아갔다. 그는 굉장한 부자였기 때문이다.

- 마태복음 19:21-22

예수께서 그가 누워 있는 것을 보시고, 그가 오랫동안 앓아온 것을 아시고 물으셨다.

"네 병이 낫기를 원하느냐?"

- 요한복음 5:6

주인이 말했다.

"자네 일당을 받아가게. 나중에 온 일꾼에게도 똑같이 주는 것이 내 뜻이네. 내 것을 내 뜻대로 하는 것이 정당하지 않은가? 아니면 나의 선함이 거슬리는가? 이처럼 나중 된 사람이 먼저 되고 먼저 된 사람이 나중 될 것이다."

- 마태복음 20:14-16

예수께서 말씀하셨다.

"내가 진실로 너희에게 말한다. 너희는 하늘이 열리고 하나님의 천사들이 인자 위에 오르락내리락 하는 것을 보게 될 것이다.”
- 요한복음 1:51

이방 사람들은 인자를 조롱하고 침을 뱉고 채찍으로 때린 뒤 죽일 것이다. 그러나 3일 만에 그는 다시 살아날 것이다.
- 마가복음 10:34

베드로가 말했다.
“은과 금은 내게 없으나 내게 있는 것을 당신에게 주겠소.
나사렛 예수 그리스도의 이름으로 일어나 걸으시오”
- 사도행전 3:6-7

예수께서 말씀하셨다.
“어린 아이들을 내게 오게 하라. 그들을 막지 말라. 하늘나라는 이런 어린 아이 같은 사람들의 것이다.”
- 마태복음 19:14

참고한 책

* 성경 인용

『우리말 비전 성경』, 두란노, 2015

* 연구 서적

『역사 드라마로 읽는 성경 구약 1권 / 2권 / 3권』(류모세), 두란노출판사, 2012

『역사 드라마로 읽는 성경 신약 1권 / 2권 / 3권』(류모세), 두란노출판사, 2012

『열린다 성경 1권: 성전 이야기 / 2권: 광야 이야기 / 3권: 식물 이야기 / 4권: 동물 이야기 / 5권: 생활풍습 이야기1 / 6권: 생활풍습 이야기2 / 7권: 절기 이야기』(류모세), 두란노, 2009

『BKC강해주석 1권: 창세기 / 4권: 사사기 / 6권: 열왕기 상하 / 8권: 느헤미야 / 9권: 욥기 / 16권: 다니엘 / 19권: 마태복음 / 20권: 마가복음 / 21권: 누가복음 / 22권: 요한복음 / 23권: 사도행전』(엘렌로스 외), 두란노, 2017

『카톨릭 성인전』(김정진 편역), 카톨릭 출판사, 2016

작가의 말

유년 시절, 주일학교 예배당 마룻바닥에 누워 선생님이 읽어 주시는 고린도 전서 13장을 듣던 기억, 해마다 기다려졌던 중고등부 여름 수련회에서의 가슴 뛰는 추억, 대학부 3일 금식기도회에서의 배고픈 기도, 우물가 선교회 작가팀에서의 고된 훈련, 네팔과 필리핀 단기 선교에서 흘렸던 눈물, 에스더 입양원에서 만난 주님의 귀한 아기들, 한나 국제학교에서 만난 탈북 청소년들이 떠오른다. 탈북 학생들은 벌써 대한민국의 멋진 20대가 되어, 새벽마다 통일을 위해 뜨거운 눈물로 기도하고 있다.

그 모든 곳에 주님이 계셨기에, 주님을 만난 마음을 쓰고 싶었다.

우물가 선교회의 최재하 목사님과 『열린다 성경』의 저자, 류모세 목사님께 깊이 감사드린다.

모든 사람들이 성경을 읽는 날이 오기를 간절히 기도한다. 성경은 우리를 향한, 그 무엇보다 따뜻한 주님의 편지였다.

나무 십자가

ⓒ 박원, 2025

초판 1쇄 발행 2025년 1월 13일

지은이   박원
펴낸이   이기봉
편집   좋은땅 편집팀
펴낸곳   도서출판 좋은땅
주소   서울특별시 마포구 양화로12길 26 지월드빌딩 (서교동 395-7)
전화   02)374-8616~7
팩스   02)374-8614
이메일   gworldbook@naver.com
홈페이지   www.g-world.co.kr

ISBN   979-11-388-3897-9 (03230)